Crookies flankies cronuts

et autres goûters

90 RECETTES ULTRASIMPLES

Dorian Nieto

Super Facile

SOLAR

Édito

Comment choisir entre le fondant du flan, le croustillant du croissant, la générosité de la gaufre, et le goût intense en chocolat du brownie ? Plus besoin de trancher avec les pâtisseries hybrides ! Elles sont partout sur les réseaux et dans les coffee shops : crofiteroles, crookies, babkas cookies, cronut, flat croissant, mais aussi flankie, mukies, croffles... il n'y a plus de limites à l'imagination pour créer des combinaisons gourmandes irrésistibles ! Ces créations sont accompagnées par les incontournables du goûter comme le cheese-cake, la pecan pie ou les cupcakes.

Grâce à des préparations de base ultra rapides et à des petites astuces culinaires, vous pourrez préparer chez vous toutes ces recettes qui en jettent. Plus besoin d'aller à New-York pour déguster un cronut, vous pouvez le réaliser chez vous et bluffer tous vos amis !

Crookies, brookie, duffin, cretzel, babka, mais aussi kringel, kanelbullars, shorbreads, Dundee cake, monkey bread, réaliser toutes les recettes tendance c'est...

... super facile !

Sommaire

Crème pâtissière

Préparation : 10 min
Cuisson : 5 min
Repos : 30 min

---

450 g de lait entier
1 gousse de vanille
4 jaunes d'œufs
60 g de sucre en poudre
45 g de Maïzena®

1 Versez le lait dans une casserole, fendez et grattez la gousse de vanille au-dessus et portez le tout à ébullition.

2 Mettez les jaunes d'œufs et le sucre dans un saladier et fouettez jusqu'à faire blanchir le mélange. Incorporez la Maïzena® en fouettant. Incorporez ensuite le lait en filet en mélangeant constamment.

3 Versez le contenu du saladier dans la casserole et faites chauffer à feu moyen en remuant régulièrement jusqu'à ce que la crème épaississe.

4 Versez dans un plat, filmez au contact et laissez refroidir 30 minutes. Fouettez avant utilisation.

Vous pouvez aromatiser les crèmes pâtissières avec de l'extrait de vanille, de café ou d'amande amère.

Chantilly au mascarpone

Préparation : 5 min

300 g de crème liquide entière

120 g de mascarpone

45 g de sucre glace

1 Mettez la crème, le mascarpone et le sucre glace dans un saladier et fouettez le tout jusqu'à ce que le mélange soit monté en chantilly bien ferme.

Utilisez de la crème et du mascarpone très froids pour monter votre chantilly.

Génoise

Pour 6 personnes
Préparation : 20 min
Cuisson : 25 à 30 min

4 œufs
120 g de sucre en poudre
120 g de farine
45 g de beurre fondu

1 Préchauffez le four à 180 °C (th. 6).

2 Mettez les œufs et le sucre dans un saladier. Posez-le sur une casserole d'eau frémissante (l'eau ne doit pas toucher le fond du saladier), à feu moyen, puis fouettez son contenu jusqu'à ce qu'il atteigne 45 °C environ.

3 Retirez le saladier de la casserole et continuez à fouettez vivement, jusqu'à ce que le mélange blanchisse et soit bien mousseux : il doit doubler de volume. Ajoutez la farine tamisée et fouettez très rapidement.

4 Ajoutez le beurre fondu (il ne doit pas être trop chaud) et mélangez délicatement à la spatule. Versez la pâte dans un moule à manqué d'environ 20 cm de diamètre chemisé de papier cuisson.

5 Enfournez pour 20 à 25 minutes. Laissez tiédir, démoulez puis enlevez délicatement le papier cuisson.

La génoise s'effrite assez facilement : manipulez-la avec délicatesse.

Pâte sablée

Préparation : 5 min
Réfrigération : 30 min

---

200 g de farine
20 g de sucre glace
100 g de beurre
1 œuf
1 cuil. à soupe d'eau froide

1 Mélangez la farine et le sucre glace dans un saladier.

2 Coupez le beurre en petits dés, ajoutez-les à la préparation et mélangez avec le bout des doigts jusqu'à obtenir une texture sablée assez fine.

3 Ajoutez l'œuf et l'eau, puis pétrissez jusqu'à ce que la pâte s'agglomère.

4 Formez une boule, emballez-la dans du film alimentaire et réservez-la 30 minutes au frais.

Pâte à croissants

facile

Pour 12 croissants
Préparation : 1 h
Cuisson : 20 à 25 min
Repos : 2h 10
Réfrigération : 1 h 30

---

75 g d'eau tiède

12 g de sucre en poudre

8 g de levure de boulanger déshydratée

60 g de lait tiède

240 g de farine T55

2 g de sel

185 g de beurre pommade

1 jaune d'œuf

1 cuil. à café d'eau

1 Dans un grand saladier, mélangez l'eau, le sucre en poudre et la levure et laissez reposer une dizaine de minutes.

2 Ajoutez le lait, la farine et le sel, puis mélangez jusqu'à intégration des éléments. Incorporez 45 g de beurre pommade en pétrissant la pâte pendant une petite dizaine de minutes jusqu'à obtenir une pâte homogène. Roulez la pâte en boule, mettez-la dans le saladier, couvrez d'un torchon et laissez reposer à température ambiante pendant 1 heure.

3 Séparez la pâte en 8 parts égales, puis roulez chaque part en boule. Sur un plan de travail fariné, abaissez une boule de pâte au rouleau de manière à former un disque d'environ 20 cm de diamètre. Déposez-le sur une assiette légèrement farinée, puis badigeonnez-le au pinceau avec 20 g de beurre. Abaissez une deuxième boule de la même manière, déposez-la sur la première et badigeonnez-la aussi de 20 g de beurre. Faites de même avec les autres boules de pâte, sauf le huitième disque, qu'il ne faut pas beurrer, juste fariner légèrement.

4 Mettez l'assiette au réfrigérateur 1 heure 30. Retournez la pile délicatement après 1 heure.

5 Posez la pâte sur un plan de travail fariné et abaissez-la jusqu'à obtenir un disque d'environ 40 cm de diamètre. Découpez-le en 12 parts égales. Roulez chaque part en croissant. Déposez-les sur une ou deux plaques couvertes de papier cuisson, puis laissez reposer 1 heure à température ambiante.

6 Préchauffez le four à 190 °C (th. 6-7). Mélangez le jaune d'œuf avec 1 cuillerée à café d'eau et badigeonnez-en les croissants au pinceau. Enfournez pour 20 à 25 minutes en tournant la plaque à mi-cuisson.

N'hésitez pas à déguster les croissants encore tièdes.

Pâte à cookies

Pour 600 g de pâte
Préparation : 10 min

150 g de beurre pommade
90 g de sucre en poudre
90 g de cassonade
1 petit œuf
300 g de farine
6 g de levure chimique
2 ou 3 pincées de sel fin

1 Dans un saladier, mélangez le beurre et les sucres en insistant bien.

2 Incorporez l'œuf.

3 Ajoutez la farine, la levure et le sel et mélangez jusqu'à obtenir une pâte homogène.

4 Utilisez immédiatement pour réaliser la recette de votre choix ou filmez au contact et conservez au réfrigérateur. Sortez la pâte du réfrigérateur une vingtaine de minutes avant de l'utiliser.

Pâte à beignets

Préparation : 15 min
Repos : 10 min
Réfrigération : 1 nuit

180 g de lait entier

6 g de levure de boulanger déshydratée

2 œufs

45 g de sucre en poudre

1 cuil. à café d'extrait de vanille

60 g de beurre fondu

500 g de farine T45

1 Mélangez le lait et la levure dans un bol et laissez à température ambiante une dizaine de minutes.

2 Fouettez dans un saladier les œufs, le sucre en poudre et l'extrait de vanille.

3 Ajoutez le lait avec la levure, le beurre et un quart de la farine et fouettez le tout. Incorporez ensuite peu à peu la farine restante mélangée au sel.

4 Travaillez la pâte obtenue pendant 5 minutes sur un plan de travail bien fariné. Formez une boule, déposez-la dans un saladier, filmez au contact et mettez au réfrigérateur jusqu'au lendemain.

5 Sortez la pâte du réfrigérateur une vingtaine de minutes avant de l'utiliser.

Crofiteroles

Pour 6 crofiteroles
Préparation : 20 min
Cuisson : 20 min
Repos : 30 min

---

1 rouleau de pâte à croissants (type Croustipâte®)

2 cuil. à soupe de sucre glace

150 g de chocolat noir

150 g de lait

6 boules de glace à la vanille

4 cuil. à soupe d'amandes effilées

1 Préchauffez le four à 190 °C (th. 6-7).

2 Déroulez la moitié du rouleau de pâte à croissants, séparez-la du reste de pâte encore enroulée en coupant suivant les pointillés, puis roulez la partie déroulée en serrant bien, de manière à obtenir deux rouleaux identiques. Coupez chaque rouleau en trois.

3 Versez le sucre glace dans une assiette et roulez-y les 6 portions de pâte. Déposez-les sur une plaque couverte de papier cuisson et laissez reposer 30 minutes à température ambiante.

4 Enfournez environ 20 minutes. Laissez refroidir sur une grille.

5 Pendant ce temps, mettez le chocolat en morceaux et le lait dans un bol et chauffez au micro-ondes jusqu'à ce que le chocolat soit entièrement fondu. Mélangez bien.

6 Décalottez les rouleaux aux trois quarts de la hauteur, puis évidez légèrement la plus grande partie pour faire une place pour la glace.

7 Garnissez le bas des crofiteroles avec une boule de glace, déposez le chapeau par-dessus. Arrosez avec le chocolat fondu et terminez en parsemant les amandes effilées.

Donuts-chouquettes
aux pralines roses

Pour 4 personnes
Préparation : 20 min
Cuisson : 20 min

250 g d'eau
90 g de beurre
3 pincées de sel
150 g de farine
4 gros œufs + 1 jaune
60 g de pralines roses hachées

1 Dans une casserole à feu assez vif, portez l'eau à ébullition avec le beurre et le sel. Baissez ensuite le feu, jetez la farine d'un seul coup dans la casserole et remuez vivement à la spatule. Mélangez jusqu'à ce que la pâte se détache des parois, puis transférez-la dans un saladier. Continuez à remuer vivement, le temps de faire tiédir légèrement la préparation, puis incorporez-y les œufs un à un, toujours en mélangeant énergiquement.

2 Préchauffez le four à 180 °C (th. 6). Versez la pâte dans une poche à douille. Dessinez, à l'aide d'un verre et d'un crayon, des cercles sur une feuille de papier cuisson. Retournez la feuille sur une plaque et pochez des cercles de pâte en suivant le tracé.

3 Avec un pinceau, badigeonnez les cercles de jaune d'œuf dilué avec un peu d'eau, puis parsemez-les de pralines roses.

4 Enfournez pour 20 minutes en surveillant la cuisson. Laissez refroidir avant de déguster.

Vous pouvez réaliser ces chouquettes avec des pralines aux cacahuètes.

Mini-crookies
au cacao et au chocolat blanc

Pour 8 mini-crookies
Préparation : 15 min
Cuisson : 10 min

---

500 g de pâte à cookies (voir recette p. 16)

2 cuil. à soupe de cacao non sucré

90 g de pépites de chocolat blanc

8 mini-croissants du commerce

1 Préchauffez le four à 180 °C (th. 6).

2 Mélangez la pâte à cookies avec le cacao. Ajoutez les pépites de chocolat et mélangez encore.

3 Séparez la pâte en 16 portions de 30 g. Formez des boudins de la taille des croissants, puis aplatissez-les légèrement entre la paume de vos mains.

4 Coupez les mini-croissants en deux dans la longueur, retirez le haut. Déposez un boudin de pâte à cookies sur chaque base de croissant, puis étalez-le un peu pour bien couvrir le croissant. Refermez les croissants en remettant le haut, puis déposez-y le reste des boudins de pâte à cookies en les étalant de la même manière.

5 Déposez les mini-crookies sur une plaque couverte de papier cuisson, puis enfournez pour 10 minutes en surveillant la cuisson. Laissez refroidir sur une grille avant de déguster.

Ne vous inquiétez pas si la pâte à cookies est encore molle en fin de cuisson, elle va durcir en refroidissant.

Crookies
au chocolat au lait

Pour 4 crookies
Préparation : 15 min
Cuisson : 20 min

200 g de pâte à cookies (voir recette p. 16)

45 g de pépites de chocolat au lait

1 rouleau de pâte à croissants (type Croustipâte®)

1 jaune d'œuf

1 cuil. à soupe d'eau

1 Préchauffez le four à 190 °C (th. 6-7).

2 Mélangez la pâte à cookies avec les pépites de chocolat.

3 Séparez-la en 8 parts : 4 boules de pâte d'environ 20 g, à aplatir en palets, et 4 boules de pâte d'environ 30 g, à rouler en boudins.

4 Déroulez la pâte à croissants sur un plan de travail fariné, puis découpez 4 croissants selon les pointillés. Déposez un boudin de pâte à cookies sur la partie la plus courte d'une pâte à croissants, puis roulez le croissant autour. Recommencez trois fois.

5 Déposez les croissants sur une plaque couverte de papier cuisson et badigeonnez-les au pinceau avec le jaune d'œuf mélangé à 1 cuillerée à soupe d'eau. Enfournez 8 minutes en tournant la plaque à mi-cuisson.

6 Sortez la plaque, déposez les palets de pâte à cookies sur les croissants et enfournez de nouveau pour une douzaine de minutes. Vérifiez la cuisson et prolongez de quelques minutes si nécessaire.

7 Laissez refroidir sur une grille avant de déguster.

Ne vous inquiétez pas si la pâte à cookies est encore molle en fin de cuisson, elle va durcir en refroidissant.

Mini-crookies
au chocolat noir

Pour 8 mini-crookies
Préparation : 20 min
Cuisson : 10 min

---

500 g de pâte à cookies (voir recette p. 16)

90 g de pépites de chocolat noir

8 mini-croissants du commerce

1 Préchauffez le four à 180 °C (th. 6).

2 Mélangez la pâte à cookies avec les pépites de chocolat.

3 Séparez-la en 16 portions d'environ 30 g. Formez des boudins de la taille des croissants, puis aplatissez-les légèrement entre la paume de vos mains.

4 Coupez les mini-croissants en deux dans la longueur, retirez le haut. Déposez un boudin de pâte à cookies sur chaque base de croissant, puis étalez-le un peu pour bien couvrir le croissant. Refermez les croissants en remettant le haut, puis déposez par-dessus le reste des boudins de pâte en les étalant de la même manière.

5 Déposez les mini-crookies sur une plaque couverte de papier cuisson et enfournez pour 10 minutes en surveillant la cuisson. Laissez refroidir sur une grille avant de déguster.

Ne vous inquiétez pas si la pâte à cookies est encore molle en fin de cuisson, elle va durcir en refroidissant.

Babkas cookies

Pour 12 à 15 babkas cookies
Préparation : 15 min
Cuisson : 12 min

Pour le crumble :

75 g de farine
60 g de beurre froid
45 g de cassonade
20 g de sucre en poudre
½ cuil. à café de cannelle en poudre

Pour la pâte à cookies :

180 g d'huile de colza
180 g de cassonade
90 g de sucre en poudre
2 œufs
2 cuil. à soupe de Maïzena®
300 g de farine
1 cuil. à café de levure chimique
120 g de pépites de chocolat
2 cuil. à soupe de cacao en poudre non sucré

1 Préparez le crumble en mélangeant du bout des doigts, dans un saladier, la farine, le beurre coupé en morceaux, les sucres et la cannelle jusqu'à obtenir une texture sablée assez fine. Réservez au frais.

2 Préparez la pâte à cookies : mélangez dans un saladier l'huile et les deux sucres. Incorporez les œufs puis la Maïzena® en fouettant bien après chaque ajout. Incorporer ensuite la farine et la levure peu à peu tout en mélangeant, jusqu'à obtenir une pâte lisse et homogène, et enfin les pépites de chocolat. Réservez les deux tiers de la pâte. Ajoutez le cacao en poudre au tiers restant et mélangez bien jusqu'à obtenir une pâte homogène.

3 Préchauffez le four à 180 °C (th. 6). Prélevez un morceau de pâte nature d'environ 40 g et un autre de la pâte au cacao d'environ 20 g. Mélangez très rapidement les deux pâtes de manière à garder un côté marbré. Roulez en boule, écrasez légèrement entre la paume de vos mains puis déposez sur une plaque couverte de papier cuisson. Recommencez jusqu'à épuisement des pâtes. Ne tassez pas les cookies sur la plaque, ils vont s'étaler. Parsemez un peu de crumble sur chaque cookie.

4 Enfournez une douzaine de minutes en surveillant la cuisson, prolongez de quelques minutes si nécessaire. Les babkas cookies doivent être légèrement dorés. Laissez refroidir les babkas cookies sur une grille avant de les déguster.

Babkas cookies
au chocolat au lait

Pour 4 babkas cookies
Préparation : 40 min
Repos : 2 h 40
Congélation : 15 min
Cuisson : 20 à 25 min

---

240 g de pâte à cookies (voir recette p. 16)

30 g de pépites de chocolat au lait

Pour la pâte à babkas :

45 g d'eau tiède

8 g de levure de boulanger déshydratée

60 g de sucre en poudre

270 g de farine

45 g de lait tiède

1 œuf

90 g de beurre mou

1 jaune d'œuf

1 Mélangez la pâte à cookies avec les pépites au chocolat.

2 Préparez la pâte à babkas : mélangez dans un bol l'eau, la levure et le sucre en poudre et laissez reposer une dizaine de minutes. Versez le contenu du bol dans un saladier, ajoutez la farine, le lait mélangé avec l'œuf. Pétrissez le tout jusqu'à obtenir une préparation homogène. Ajoutez le beurre et pétrissez environ 10 minutes pour obtenir une pâte homogène. Roulez la pâte en boule, déposez-la dans le saladier, couvrez d'un torchon et laissez reposer pendant 2 heures.

3 Séparez les pâtes à babkas et à cookies en quatre. Placez les parts de pâte à cookies entre 2 feuilles de papier cuisson. Abaissez chaque part de manière à obtenir des longues bandes d'environ 20 x 12 cm en écrasant les pépites de chocolat.

4 Déposez la pâte à cookies sur la pâte à babkas et roulez-les ensemble en serrant bien de manière à obtenir 4 boudins de 12 cm de long. Mettez les boudins 15 minutes au congélateur.

5 Tranchez les boudins en deux dans la longueur , avec un couteau bien coupant. N'écrasez pas la pâte. Tressez, en serrant, les demi-boudins deux par deux en mettant le côté coupé au-dessus. Roulez chaque tresse en escargot en coinçant les extrémités dessous. Déposez sur une plaque couverte de papier cuisson, puis laissez lever pendant 30 minutes à température ambiante.

6 Préchauffez le four à 180 °C (th. 6). Badigeonnez les babkas cookies au pinceau avec le jaune d'œuf mélangé avec 1 cuillerée à café d'eau. Enfournez 20 à 25 minutes. Vérifiez la cuisson et prolongez si nécessaire.

Flat croissants
au chocolat blanc

Pour 4 flat croissants
Préparation : 10 min
Cuisson : 20 min

- 4 croissants (voir recette p. 14)
- 45 g de beurre salé pommade
- 60 g de cassonade
- 90 g de chocolat blanc
- 1 cuil. à café d'huile neutre (colza)
- Décors en sucre

1 Préparez les croissants. Mélangez dans un bol le beurre et la cassonade.

2 Posez un rectangle de papier cuisson sur un croissant, puis aplatissez-le à l'aide d'un rouleau à pâtisserie, en insistant bien. Faites de même avec les trois autres croissants. Badigeonnez les croissants au pinceau des deux côtés avec une très fine couche de beurre sucré.

3 Faites chauffer une grande poêle à feu moyen. Déposez-y un croissant couvert d'un papier de cuisson, mettez par-dessus une autre poêle plus petite puis un poids pour bien écraser le croissant. Faites cuire 3 minutes, retournez puis prolongez la cuisson de 2 minutes. Retirez de la poêle et déposez le croissant sur une grille. Lavez la poêle et recommencez avec les trois autres croissants.

4 Hachez le chocolat et placez-le dans un bol avec l'huile. Faites fondre au micro-ondes. Mélangez bien, versez sur une partie du croissant et terminez en parsemant les décors en sucre. Laissez refroidir sur une grille avant de déguster.

Flat croissants
aux pralines roses

Pour 4 flat croissants
Préparation : 15 min
Cuisson : 48 min

1 rouleau de pâte à croissants (type Croustipâte®)

4 cuil. à soupe de sucre en poudre

60 g de chocolat blanc

½ cuil. à café d'huile de pépin de raisin

4 cuil. à soupe de pralines roses concassées

1 Préchauffez le four à 190 °C (th. 6-7). Déroulez la pâte, coupez-la en suivant les pointillés puis roulez-la pour former 4 croissants. Saupoudrez-les de sucre en poudre des 2 côtés.

2 Placez un croissant entre deux feuilles de papier cuisson. Aplatissez-le avec le plat de la main puis au rouleau jusqu'à obtenir une pâte de 4 à 5 mm d'épaisseur. Faites de même avec les trois autres.

3 Posez une pâte, toujours entre ses feuilles de papier cuisson, sur une plaque de four. Recouvrez d'une autre plaque, puis mettez un poids par-dessus pour éviter que le flat croissant ne gonfle. Enfournez pour 8 minutes. Vérifiez la cuisson (il doit être doré dessous) puis retournez-le et prolongez la cuisson de 4 minutes après avoir remis en place la plaque et le poids. Le flat croissant doit alors être doré des deux côtés. Prolongez la cuisson si nécessaire. Retirez les papiers cuisson, puis laissez refroidir sur une grille. Renouvelez l'opération avec les 3 autres croissants.

4 Faites fondre dans un bol le chocolat et l'huile au micro-ondes. Mélangez bien. Décorez la moitié des flats croissants en versant des filets de chocolat et en parsemant les pralines roses. Laissez refroidir sur une grille avant de déguster.

Cronuts
aux deux chocolats

Pour 4 cronuts
Préparation : 15 min
Congélation : 30 min
Cuisson : 20 min

---

2 rouleaux de pâte à croissants (type Croustipâte®)

120 g de chocolat noir

1,5 cuil. à café d'huile de pépin de raisin

60 g de chocolat blanc

Huile neutre, eau

1 Déroulez les pâtes puis coupez-les en deux en suivant les pointillés. Déposez les rectangles obtenus sur une plaque couverte de papier cuisson, puis mettez au congélateur jusqu'à ce que les pâtes soient bien dures (comptez environ 30 minutes).

2 Préchauffez un bain d'huile à 160 °C. Formez 8 disques de pâte à l'aide d'un cercle à pâtisser ou d'un bol d'environ 10 cm de diamètre. Découpez les disques au cutter ou avec un couteau bien affûté : il ne faut surtout pas écraser la pâte. Enlevez du centre de chaque pâte un disque d'environ 3 ou 4 cm de diamètre, pour créer le trou caractéristique du donut.

3 Badigeonnez d'eau un côté de chaque disque de pâte. Collez les disques deux par deux, les côtés mouillés face à face. Déposez les cronuts dans le bain d'huile sans qu'ils se chevauchent et faites-les dorer 4 à 5 minutes en les retournant régulièrement. Après cuisson, posez-les sur du papier absorbant pour enlever le surplus d'huile, puis placez-les sur une grille.

4 Mettez dans un bol le chocolat noir avec 1 cuillerée à café d'huile et dans un second bol le chocolat blanc avec l'huile restante. Faites fondre au micro-ondes, mélangez bien.

5 Versez le chocolat noir dans une petite assiette creuse, puis le chocolat blanc en filet. Trempez rapidement les cronuts dans l'assiette de manière à couvrir le dessus, puis laissez couler l'excédent de chocolat. Laissez refroidir sur une grille avant de les déguster.

Cronuts cannelle
et chocolat blanc

Pour 4 cronuts
Préparation : 15 min
Congélation : 30 min
Cuisson : 20 min

---

2 rouleaux de pâte à croissants (type Croustipâte®)

4 cuil. à soupe de sucre en poudre

1 cuil. à café de cannelle en poudre

80 g de chocolat blanc

1 cuil. à café d'huile de pépin de raisin

Huile neutre, eau

1 Déroulez les pâtes puis coupez-les en deux en suivant les pointillés. Déposez les rectangles obtenus sur une plaque couverte de papier cuisson, puis mettez au congélateur jusqu'à ce que les pâtes soient bien dures (comptez environ 30 minutes).

2 Préchauffez un bain d'huile à 160 °C.

3 Découpez 8 disques de pâte à l'aide d'un cercle à pâtisser ou d'un bol d'environ 10 cm de diamètre. Découpez les disques au cutter ou avec un couteau bien affûté : il ne faut surtout pas écraser la pâte. Enlevez du centre de chaque pâte un disque d'environ 3 ou 4 cm de diamètre, pour créer le trou caractéristique du donut.

4 Badigeonnez d'eau un côté de chaque disque de pâte. Collez les disques deux par deux, les côtés mouillés face à face. Déposez les cronuts dans le bain d'huile sans qu'ils se chevauchent et faites-les dorer 4 à 5 minutes en les retournant régulièrement. Après cuisson, posez-les rapidement sur du papier absorbant pour enlever le surplus d'huile, puis roulez-les dans le sucre mélangé avec la cannelle. Déposez-les sur une grille.

5 Faites fondre dans un bol le chocolat blanc et l'huile au micro-ondes, mélangez bien.

6 Décorez les cronuts en versant des traits de chocolat dessus. Laissez refroidir sur une grille avant de les déguster.

Vous pouvez également
les garnir avec de la crème
pâtissière parfumée
à la vanille.

Croissants
beignets à la vanille

Pour 8 croissants beignets
Préparation : 20 min
Repos : 2 h
Congélation : 30 min
Cuisson : 48 min

½ dose de pâte à beignets (voir recette p. 18)

½ dose de crème pâtissière (voir recette p. 6)

10 cl de crème liquide entière

4 cuil. à soupe de sucre en poudre

Huile neutre

1 Préparez en amont la pâte à beignets et la crème pâtissière. Sortez la crème pâtissière du réfrigérateur et laissez-la à température ambiante une vingtaine de minutes.

2 Abaissez la pâte à beignets pour obtenir un rectangle d'environ 24 x 28 cm. Déposez-la sur une planche puis mettez-la au congélateur pendant une trentaine de minutes.

3 Coupez 8 triangles de pâte à beignets d'environ 6 cm de base. Roulez-les de manière à obtenir 8 croissants. Déposez-les sur une plaque couverte de papier cuisson, couvrez avec un torchon et laissez lever 2 heures.

4 Sortez la crème pâtissière du réfrigérateur et laissez-la à température ambiante une vingtaine de minutes.

5 Fouettez la crème liquide jusqu'à obtenir une chantilly bien ferme. Fouettez la crème pâtissière de manière à la détendre, puis incorporez délicatement la chantilly à la maryse.

6 Faites chauffer un bain d'huile à 180 °C. faites frire les croissants un par un jusqu'à ce qu'ils soient bien dorés, environ 6 minutes. Déposez-les rapidement sur du papier absorbant pour enlever le surplus d'huile, puis roulez-les dans le sucre en poudre avant de les laisser refroidir sur une grille.

7 Versez la crème dans une poche équipée d'une douille assez fine. Faites un petit trou sous les croissants, puis garnissez-les de crème.

Croissants
beignets pralinés

Pour 8 croissants beignets
Préparation : 20 min
Repos : 20 min
Cuisson : 48 min à 1 h 04

½ dose de crème pâtissière (voir recette p. 6)

1 rouleau de pâte à croissants (type Croustipâte®)

8 cuil. à soupe de sucre en poudre

4 cuil. à soupe de pâte pralinée au chocolat

Huile neutre, eau

1 Préparez en amont la crème pâtissière. Préchauffez un bain d'huile de friture à 160 °C.

2 Déroulez la pâte à croissants puis découpez-la en suivant les pointillés. Coupez les 4 croissants obtenus en deux dans la longueur de manière à obtenir 8 pâtes à croissants.

3 Badigeonnez légèrement le dessus des pâtes avec de l'eau au pinceau puis roulez-les. Plongez délicatement les croissants dans l'huile un par un et faites-les frire 6 à 8 minutes en les retournant très régulièrement. Dès qu'ils sont bien dorés, déposez-les rapidement sur du papier absorbant pour enlever le surplus d'huile, puis roulez-les dans le sucre en poudre avant de les laisser refroidir sur une grille.

4 Pendant ce temps, sortez la crème pâtissière du réfrigérateur et laissez-la à température ambiante une vingtaine de minutes.

5 Fouettez la crème pâtissière de manière à la détendre, puis incorporez la pâte pralinée.

6 Mettez la crème dans une poche à douille équipée d'une douille assez fine. Faites un petit trou sous les croissants et garnissez-les avec la crème.

Mukies
au chocolat

Pour 8 à 10 mukies
Préparation : 20 min
Cuisson : 20 min

---

120 g de pâte à cookies (voir recette p. 16)

10 g de pépites de chocolat noir

Pour la pâte à brownie :

240 g de farine

150 g de sucre en poudre

60 g de cacao en poudre non sucré

10 g de levure chimique

Quelques pincées de fleur de sel

120 g de lait

1 cuil. à café de jus de citron

3 petits œufs

120 g d'huile de colza

150 g de mascarpone

60 g de pépites de chocolat noir

1 Mélangez la pâte à cookies avec les pépites de chocolat noir.

2 Préparez la pâte à brownie : dans un saladier, mélangez la farine, le sucre en poudre, le cacao, la levure chimique et le sel. Dans un autre saladier, fouettez le lait, le jus de citron, les œufs, l'huile et le mascarpone. Versez le contenu de ce deuxième saladier dans le premier et mélangez bien. Enfin, incorporez les pépites de chocolat.

3 Préchauffez le four à 180 °C (th. 6).

4 Répartissez la pâte à brownie dans des moules à muffins beurrés et farinés. Remplissez les moules aux trois quarts. Prélevez des tout petits morceaux de pâte à cookies et couvrez-en la pâte à brownie.

5 Enfournez pour une vingtaine de minutes. Vérifiez la cuisson et prolongez si nécessaire. Laissez refroidir avant de démouler.

Mini-duffins
à la cannelle

Pour environ 24 mini-duffins
Préparation : 10 min
Cuisson : 10 à 12 min

- 90 g de beurre pommade
- 60 g de vergeoise blonde
- 120 g de sucre en poudre
- 1 œuf
- 180 ml de lait fermenté ou de lait ribot
- 180 g de farine
- 1,5 cuil. à café de levure chimique
- 1 cuil. à café de cannelle moulue
- ¼ de cuil. à café de noix de muscade en poudre (facultatif)
- 30 g de beurre fondu

1 Préchauffez le four à 180 °C (th. 6).

2 Fouettez le beurre pommade, la vergeoise et 60 g de sucre en poudre dans un saladier jusqu'à ce que le mélange blanchisse. Incorporez ensuite l'œuf, toujours en fouettant. Versez le lait fermenté, puis la farine et la levure, en mélangeant rapidement entre chaque ajout.

3 Transvasez la pâte dans des moules à mini-muffins légèrement beurrés, en les remplissant aux quatre cinquièmes. Enfournez 10 à 12 minutes en surveillant la cuisson : les mini-duffins doivent être cuits à point et joliment dorés. Ajustez le temps de cuisson selon la taille des moules.

4 Mélangez, dans une assiette creuse, le reste du sucre en poudre, la cannelle et la noix de muscade. Trempez très rapidement le haut des mini-duffins dans le beurre fondu, puis dans le mélange sucre, cannelle, muscade, cette fois en insistant bien.

5 Laissez refroidir les mini-duffins sur une grille côté sucré vers le haut avant de déguster.

Croffles
aux framboises et pistaches

Pour 4 croffles
Préparation : 10 min
Cuisson : 12 min

---

1 rouleau de pâte à croissants (type Croustipâte®)

1 cuil. à soupe de sucre à chouquettes

1 dose de chantilly au mascarpone (voir recette p. 8)

120 g de framboises

1 cuil. à soupe de pistaches hachées

Huile de colza

1 Préchauffez le gaufrier.

2 Déroulez la pâte à croissants sur un plan de travail fariné et découpez 4 croissants selon les pointillés. Parsemez de sucre à chouquettes, puis roulez-les. Écrasez-les légèrement avec le plat de la main.

3 Déposez un croissant sur la grille du gaufrier légèrement huilée, refermez et faites cuire environ 3 minutes, selon la puissance de l'appareil. Vérifiez la cuisson et ajustez le temps. Les croffles doivent être bien dorés. Faites de même avec les 3 autres croissants.

4 Laissez refroidir sur une grille. Préparez la chantilly pendant ce temps.

5 Décorez avec la chantilly à l'aide d'une poche équipée d'une douille. Déposez les framboises sur la crème et terminez en parsemant les pistaches hachées.

Croffles d'anniversaire

au chocolat au lait

Pour 4 croffles
Préparation : 10 min
Cuisson : 12 min

1 rouleau de pâte à croissants (type Croustipâte®)

90 g de chocolat au lait

1 cuil. à café d'huile de colza + un peu pour le gaufrier

1 cuil. à soupe de perles de sucre multicolores

1 Préchauffez le gaufrier.

2 Déroulez la pâte à croissants sur un plan de travail fariné, découpez-y 4 croissants selon les pointillés puis roulez-les. Écrasez-les légèrement avec le plat de la main.

3 Déposez un croissant sur la grille du gaufrier légèrement huilée, refermez et faites cuire environ 3 minutes selon la puissance de l'appareil. Vérifiez la cuisson et ajustez le temps. Les croffles doivent être bien dorés. Faites de même avec les 3 autres croissants.

4 Laissez refroidir sur une grille. Pendant ce temps, faites fondre le chocolat mélangé avec l'huile dans un bol au micro-ondes. Mélangez bien.

5 Décorez les croffles avec des traits de chocolat fondu, puis parsemez les perles de sucre. Laissez refroidir avant de déguster.

Croissants
aux amandes

Pour 4 croissants
Préparation : 15 min
Cuisson : 10 à 12 min

---

4 croissants (voir recette p. 14) ou 8 mini-croissants du commerce

60 g de beurre mou

60 g de sucre glace

60 g de poudre d'amandes

1 œuf

1 cuil. à café d'extrait de vanille

10 g de sucre en poudre

1 cuil. à café de rhum (facultatif)

2 cuil. à soupe d'amandes effilées

Pour le sirop :

10 cl d'eau

10 g de sucre en poudre

1 cuil. à café de rhum (facultatif)

1 Préparez le sirop : versez l'eau, le sucre en poudre et le rhum dans une casserole. Portez à ébullition en remuant, puis laissez refroidir.

2 Préchauffez le four à 180 °C (th. 6).

3 Mélangez dans un saladier le beurre, le sucre glace, la poudre d'amandes en insistant bien. Ajoutez l'œuf et l'extrait de vanille et mélangez de nouveau.

4 Coupez les croissants en deux dans la longueur, retirez le haut. Imbibez l'intérieur de tous les demi-croissants de sirop avec un pinceau.

5 Déposez le bas des croissants sur une plaque couverte de papier cuisson. Tartinez-les avec 2 cuillerées à soupe de crème d'amandes chacun, puis replacez le haut des croissants.

6 Étalez la crème d'amandes restante sur le dessus et parsemez-les d'amandes effilées.

7 Enfournez 10 à 12 minutes en surveillant la cuisson. Laissez refroidir les croissants sur une grille avant de déguster.

Gaukies
aux pépites de chocolat

Pour 8 gaukies
Préparation : 10 min
Cuisson : 24 min

400 g de pâte à cookies (voir recette p. 16)

90 g de pépites de chocolat noir

Huile de colza

1 Préchauffez le gaufrier.

2 Mélangez la pâte à cookies avec les pépites de chocolat.

3 Séparez la pâte en parts d'environ 60 g, puis roulez-les en boules. Écrasez-les légèrement entre les paumes de vos mains.

4 Déposez une pâte sur la grille du gaufrier légèrement huilée. Refermez le gaufrier et faites cuire environ 3 minutes selon la puissance de l'appareil. Vérifiez la cuisson, prolongez si nécessaire. Le gaukie doit être juste doré. Sortez-le délicatement du gaufrier et répétez jusqu'à ne plus avoir de pâte.

5 Laissez tiédir ou refroidir les gaukies sur une grille avant de les déguster.

Gaufres brownies
chocolat et noix de pécan

Pour 8 gaufres
Préparation : 10 min
Cuisson : 24 min

---

180 g de chocolat noir
90 g de noix de pécan
120 g de beurre
3 œufs
150 g de cassonade
120 g de farine
1 cuil. à café de levure chimique
Huile de colza

1 Hachez grossièrement le chocolat et les noix de pécan, séparément.

2 Mettez la moitié du chocolat et le beurre dans un bol et faites fondre au micro-ondes.

3 Fouettez dans un saladier les œufs et la cassonade. Incorporez le chocolat et le beurre fondus. Incorporez ensuite la farine et la levure, puis le chocolat restant, concassé, et les noix de pécan.

4 Préchauffez le gaufrier.

5 Versez 1 petite louche de pâte sur la grille du gaufrier légèrement huilée. Refermez le gaufrier et faites cuire environ 3 minutes selon la puissance de l'appareil. Vérifiez la cuisson, prolongez si nécessaire. La gaufre brownie doit être juste cuite, sans trop de coloration. Sortez-la délicatement du gaufrier et répétez jusqu'à ne plus avoir de pâte.

6 Laissez tiédir ou refroidir les gaufres brownies sur une grille. Dégustez-les arrosées de chocolat fondu ou saupoudrées de sucre glace..

New York rolls
chocolat-noisettes

Pour 6 New York rolls
Préparation : 15 min
Cuisson : 20 min

---

2 rouleaux de pâte à croissants (type Croustipâte®)

4 cuil. à soupe de sucre en poudre

½ dose de crème pâtissière (voir recette p. 6)

2 cuil. à soupe de cacao en poudre non sucré

120 g de chocolat aux éclats de noisettes ou de chocolat au lait

45 g de noisettes concassées

1 Préchauffez le four à 180 °C (th. 6).

2 Coupez chaque rouleau de pâte à croissants en trois tiers sans dérouler la pâte. Mettez le sucre en poudre dans une assiette et roulez-y les pâtes.

3 Déposez chaque rouleau dans un cercle à pâtisser beurré d'environ 8 cm de diamètre et 4 cm de hauteur posé sur une plaque couverte de papier cuisson. Déposez une autre plaque de cuisson sur les cercles pour que la pâte à croissants ne sorte pas des moules. Déposez éventuellement un poids par-dessus. Enfournez 20 minutes en tournant la plaque à mi-cuisson. Après cuisson, laissez refroidir les rolls sur une grille.

4 Mélangez la crème pâtissière avec le cacao, puis mettez-la dans une poche à douille munie d'une douille assez fine. Faites un petit trou sur un côté des rolls et garnissez-les de crème.

5 Faites fondre le chocolat dans un bol au micro-ondes. Trempez les rolls dedans, puis parsemez quelques noisettes.

6 Laissez-les sécher verticalement avant de déguster.

New York rolls
chocolat, vanille et cannelle

Pour 6 New York rolls
Préparation : 15 min
Cuisson : 20 min

½ dose de crème pâtissière (voir recette p. 6)

2 rouleaux de pâte à croissants (type Croustipâte®)

4 cuil. à soupe de sucre en poudre

2 cuil. à café d'extrait de vanille

Pour le glaçage :

20 g de blanc d'œuf

90 g de sucre glace

¼ de cuil. à café de cannelle en poudre

1 Préparez la crème pâtissière en amont. Préchauffez le four à 180 °C (th. 6).

2 Coupez chaque rouleau de pâte à croissants en trois tiers sans dérouler la pâte. Mettez le sucre en poudre dans une assiette et roulez-y les pâtes.

3 Déposez chaque rouleau dans un cercle à pâtisser beurré d'environ 8 cm de diamètre et 4 cm de hauteur posé sur une plaque couverte de papier de cuisson. Déposez une autre plaque de cuisson sur les cercles pour que la pâte à croissants ne sorte pas des moules. Déposez éventuellement un poids par-dessus. Enfournez 20 minutes en tournant la plaque à mi-cuisson. Après cuisson, laissez refroidir les rolls sur une grille.

4 Mélangez la crème pâtissière avec l'extrait de vanille, puis mettez-la dans une poche à douille munie d'une douille assez fine. Faites un petit trou sur un côté des rolls et garnissez-les de crème.

5 Mélangez le blanc d'œuf, le sucre glace et la cannelle en poudre dans un bol. Posez les rolls à plat et couvrez-les avec le glaçage.

6 Laissez sécher avant de déguster.

Cruffins

Pour 12 cruffins
Préparation : 10 min
Cuisson : 20 à 25 min
Repos : 2 h 10 min
Réfrigération : 2 h
Congélation : 15 min

---

90 g d'eau tiède

60 g de sucre en poudre

6 g de levure boulangère déshydratée

1 œuf + 1 jaune d'œuf

90 g de lait tiède

1 cuil. à café d'extrait de vanille

500 g de farine

3 g de sel

60 g de beurre froid

120 g de beurre pommade

Sucre glace

1 Mélangez dans un saladier l'eau, le sucre et la levure et laissez à température ambiante une dizaine de minutes.

2 Ajoutez l'œuf, le lait et la vanille et fouettez le tout. Ajoutez la farine et le sel, mélangez bien.

3 Incorporez le beurre froid coupé en petits cubes. Pétrissez environ 10 minutes. Roulez la pâte en boule, remettez-la dans le saladier et couvrez de film alimentaire. Laissez reposer 1 heure à température ambiante, puis 2 heures au réfrigérateur.

4 Coupez la pâte en 6 parts. Abaissez-les de manière à obtenir des rectangles d'environ 40 x 15 cm. Étalez au pinceau 20 g de beurre pommade sur chaque rectangle, puis roulez-les en serrant bien pour former des boudins d'environ 15 cm de long. Mettez-les 15 minutes au congélateur.

5 Tranchez les boudins en deux dans la longueur. N'écrasez pas la pâte, il faut trancher avec un couteau bien coupant. Roulez chaque demi-boudin en escargot en coinçant les extrémités dessous.

6 Badigeonnez les cruffins avec le jaune d'œuf mélangé avec 1 cuillerée à soupe d'eau. Déposez-les dans des moules à muffins beurrés et farinés. Laissez-les lever sous un torchon pendant 1 heure.

7 Préchauffez le four à 180 °C (th. 6).

8 Enfournez 20 à 25 minutes. Déposez les cruffins sur une grille et laissez refroidir. Saupoudrez de sucre glace au moment de déguster.

Cretzels
au sésame

Pour 2 grands cretzels
Préparation : 20 min
Cuisson : 20 min

---

2 rouleaux de pâte à croissants (type Croustipâte®)

1 cuil. à soupe de bicarbonate de soude

1 jaune d'œuf

Fleur de sel

1 cuil. à soupe de graines de sésame doré

1 Déroulez un rouleau de pâte à croissants sur un plan de travail légèrement fariné. Roulez la pâte sur elle-même dans la longueur pour obtenir un long boudin. Torsadez-le en tournant les deux extrémités en sens inverse, et donnez-lui une forme de U. Torsadez ensemble trois fois les deux extrémités. Rabattez cette torsade sur la base du U pour donner la forme du cretzel. Terminez en écrasant bien les extrémités entre vos doigts pour qu'elles adhèrent. Faites de même avec le deuxième rouleau de pâte.

2 Portez à ébullition une casserole d'eau avec le bicarbonate. Retirez du feu, puis déposez-y doucement un cretzel à l'aide d'une écumoire pendant 10 à 15 secondes. Retournez-le et laissez-le encore 10 à 15 secondes. Retirez-le de l'eau délicatement et déposez-le sur une plaque couverte de papier cuisson. Renouvelez l'opération avec le deuxième.

3 Préchauffez le four à 190 °C (th. 6-7).

4 Badigeonnez les cretzels au pinceau avec le jaune d'œuf mélangé avec 1 cuillerée à café d'eau. Parsemez quelques pincées de fleur de sel puis les graines de sésame. Enfournez 20 minutes, jusqu'à ce que les cretzels soient bien dorés.

Déposez sur une plaque avant de déguster tièdes ou froids.

Brownies cookies

Pour 4 personnes
Préparation : 20 min
Cuisson : 15 min

---

200 g de chocolat noir
30 g de beurre
2 œufs
90 g de sucre en poudre
60 g de farine
½ cuil. à café de levure
30 g de cacao en poudre
1 pincée de sel

1 Préchauffez le four à 180 °C (th. 6).

2 Hachez le chocolat, placez-le dans un bol avec le beurre et faites fondre le tout au micro-ondes. Lissez en mélangeant avec une spatule.

3 Fouettez dans un saladier les œufs et le sucre jusqu'à ce que le mélange blanchisse. Ajoutez la farine, la levure, le cacao et le sel puis mélangez. Incorporez enfin le chocolat et le beurre fondus.

4 Mettez la pâte dans une poche munie d'une douille lisse de 1,5 cm. Formez des disques d'environ 6 cm de diamètre sur une plaque couverte de papier cuisson. Enfournez pour 15 minutes en surveillant.

Ces biscuits sont croquants comme des cookies et fondants comme des brownies… d'où leur nom !

New York style crumb cake

Pour 4 personnes
Préparation : 15 min
Cuisson : 40 à 45 min

Pour le cake :

120 g de crème liquide entière
½ cuil. à café de jus de citron
150 g de farine
½ cuil. à café de bicarbonate de soude
¼ de cuil. à café de levure chimique
Quelques pincées de sel
75 g de beurre mou
90 g de sucre en poudre
2 petits œufs
1 cuil. à café d'extrait de vanille
Sucre glace

Pour le crumble :

150 g de farine
120 g de beurre froid
90 g de cassonade
45 g de sucre en poudre
2 cuil. à café de cannelle en poudre

1 Préchauffer le four à 180 °C (th. 6).

2 Préparez le crumble en mélangeant du bout des doigts, dans un saladier, la farine, le beurre coupé en morceaux, les sucres et la cannelle jusqu'à obtenir une texture sablée grossière. Réservez au frais.

3 Préparez le cake : mélangez dans un bol la crème liquide et le jus de citron. Mélangez dans un saladier la farine, le bicarbonate de soude, la levure chimique et le sel. Fouettez dans un autre saladier le beurre et le sucre en poudre jusqu'à obtenir un mélange homogène et crémeux.

4 Ajoutez les œufs, le bol de crème et l'extrait de vanille et fouettez encore. Le mélange peut être grumeleux à ce moment. Incorporez ensuite le saladier de farine peu à peu.

5 Tapissez de papier cuisson un plat carré d'environ 20 cm de côté. Versez la pâte à gâteau en l'étalant bien, puis répartissez le crumble par-dessus.

6 Enfournez pour 40 à 45 minutes. Vérifiez la cuisson en plantant la lame d'un couteau dans la pâte : il doit en ressortir propre, sinon prolongez un peu la cuisson.

7 Sortez du four, laissez tiédir dans le plat puis refroidir sur une grille. Saupoudrez de sucre glace avant de servir.

Babkas brownies

Pour 6 babkas brownies
Préparation : 40 min
Repos : 2 h 40
Congélation : 15 min
Cuisson : 20 min

Pour la pâte à babkas :

45 g d'eau tiède

8 g de levure de boulanger déshydratée

60 g de sucre en poudre

270 g de farine

45 g de lait tiède

1 œuf + 1 jaune

90 g de beurre mou

Pour la pâte à brownie :

60 g de chocolat noir

40 g de beurre

60 g de cassonade

1 œuf

30 g de farine

60 g de pépites de chocolat noir

30 g de noix de pécan hachées

1 Préparez la pâte à brownie : mettez le chocolat noir en morceaux et le beurre dans un bol et faites fondre au micro-ondes. Dans un saladier, fouettez l'œuf et le sucre puis ajoutez le contenu du bol. Incorporez ensuite la farine, et enfin les pépites de chocolat et les noix de pécan.

2 Préparez la pâte à babkas : mélangez dans un bol l'eau, la levure et le sucre en poudre et laissez reposer une dizaine de minutes. Versez le contenu du bol dans un saladier, ajoutez la farine et le lait préalablement mélangé avec l'œuf. Pétrissez le tout jusqu'à incorporation de tous les éléments. Ajoutez le beurre et pétrissez environ 10 minutes, jusqu'à obtenir une pâte homogène. Roulez la pâte en boule, déposez-la dans le saladier, couvrez d'un torchon et laissez reposer pendant 2 heures à température ambiante.

3 Séparez la pâte en deux. Abaissez chaque part de manière à obtenir deux longues bandes d'environ 45 x 15 cm. Étalez la pâte à brownie sur toute la longueur, puis roulez le tout en grands boudins d'environ 45 cm de long. Mettez les boudins 15 minutes au congélateur.

4 Coupez les boudins en trois parts égales de manière à obtenir 6 plus petits boudins de même taille. Tranchez les boudins en deux dans la longueur. N'écrasez pas la pâte, il faut trancher avec un couteau bien coupant. Tressez, en serrant, les demi-boudins deux par deux en mettant le côté coupé au-dessus. Roulez chaque tresse en escargot en coinçant les extrémités dessous. Déposez-les dans des moules à muffins beurrés et farinés et laissez lever 30 minutes à température ambiante.

5 Préchauffez le four à 180 °C (th. 6). Badigeonnez les babkas brownies au pinceau avec le jaune d'œuf mélangé avec 1 cuillerée à café d'eau. Enfournez pour 20 minutes. Vérifiez la cuisson et prolongez si nécessaire.

Flankie
à la vanille

Pour 6 à 8 personnes
Préparation : 25 min
Cuisson : 50 min
Repos : 30 min
Réfrigération : 4 h
Congélation : 15 min

---

600 g de pâte à cookies (voir recette p. 16)

90 g de pépites de chocolat noir

Pour le flan :

600 g de lait entier

90 g de crème liquide entière

2 cuil. à café d'extrait de vanille

1 œuf + 3 jaunes

90 g de sucre en poudre

45 g de Maïzena®

1 Préparez le flan : portez le lait, la crème et l'extrait de vanille à ébullition dans une casserole. Dans un saladier, fouettez l'œuf, les jaunes et le sucre en poudre. Incorporez ensuite la Maïzena®, puis versez le contenu de la casserole en filet dans le saladier tout en fouettant. Remettez dans la casserole et faites épaissir le mélange, à feu doux, en remuant continuellement pendant 2 à 3 minutes.

2 Versez la crème obtenue dans un plat. Laissez tiédir, puis couvrez d'un film alimentaire et laissez refroidir à température ambiante environ 30 minutes.

3 Mélangez la pâte à cookies avec les pépites de chocolat. Abaissez la pâte de manière à obtenir un disque d'environ 34 cm de diamètre. Mettez-le au congélateur pendant une quinzaine de minutes.

4 Préchauffez le four à 180 °C (th. 6). Tapissez un moule à charnière d'environ 20 cm de diamètre avec la pâte à cookies. Tassez-la bien et découpez le surplus à hauteur du moule. Versez la crème à flan dans le moule, puis coupez et enlevez la pâte 1 cm au-dessus du niveau du flan.

5 Enfournez pendant une cinquantaine de minutes en surveillant la cuisson. Le flankie doit être joliment doré.

6 Laissez refroidir, puis mettez au réfrigérateur pendant au moins 4 heures avant de démouler et déguster.

Flankie
au chocolat et aux noisettes

Pour 6 à 8 personnes
Préparation : 25 min
Cuisson : 50 min
Repos : 30 min
Réfrigération : 4 h
Congélation : 15 min

---

600 g de pâte à cookies
(voir recette p. 16)

45 g de noisettes concassées

Pour le flan :

600 g de lait entier

90 g de crème liquide entière

1 œuf + 3 jaunes

90 g de sucre en poudre

45 g de Maïzena®

2 cuil. à soupe de cacao en poudre

1 Préparez le flan : portez le lait et la crème à ébullition dans une casserole. Dans un saladier, fouettez l'œuf, les jaunes et le sucre en poudre. Incorporez ensuite la Maïzena® mélangée avec le cacao, puis versez le contenu de la casserole en filet dans le saladier tout en fouettant. Remettez dans la casserole et faites épaissir le mélange, à feu doux, en remuant continuellement pendant 2 à 3 minutes.

2 Versez la crème obtenue dans un plat, laissez tiédir puis couvrez d'un film alimentaire et laissez refroidir à température ambiante environ 30 minutes.

3 Abaissez la pâte à cookies de manière à obtenir un disque d'environ 34 cm de diamètre. Parsemez les noisettes et redonnez un coup de rouleau pour les incruster dans la pâte. Mettez le disque de pâte au congélateur pendant une quinzaine de minutes.

4 Préchauffez le four à 180 °C (th. 6).

5 Tapissez un moule à charnière d'environ 20 cm de diamètre avec la pâte. Tassez-la bien et découpez le surplus à hauteur du moule. Versez la crème à flan dans le moule, puis coupez et enlevez la pâte 1 cm au-dessus du niveau du flan.

6 Enfournez pendant une cinquantaine de minutes en surveillant la cuisson. Le flankie doit être joliment doré.

7 Laissez refroidir puis mettez au réfrigérateur pendant au moins 4 heures avant de démouler et déguster.

Tarte cookie

Pour 4 à 6 personnes
Préparation : 30 min
Cuisson : 20 min

240 g de farine
1 cuil. à café de Maïzena®
1 cuil. à café de bicarbonate de soude
210 g de chocolat noir
150 g de beurre mou
75 g de sucre en poudre
75 g de sucre de coco
1 œuf + 1 jaune
½ gousse de vanille
30 g de chocolat blanc

1 Préchauffez le four à 180 °C (th. 6).

2 Mélangez dans un saladier la farine, la Maïzena® et le bicarbonate de soude. Hachez 180 g de chocolat noir.

3 Dans un autre saladier, fouettez le beurre et les sucres jusqu'à obtenir une crème onctueuse. Ajoutez l'œuf et le jaune, fendez et grattez la vanille au-dessus du saladier puis mélangez jusqu'à ce que les ingrédients soient incorporés.

4 Continuez à mélanger en incorporant la farine petit à petit. Ajoutez le chocolat noir haché et mélangez rapidement.

5 Versez la pâte dans un moule à tarte d'environ 26 cm de diamètre en l'étalant bien pour qu'elle remplisse tout le moule. Enfournez pour 20 minutes, puis laissez refroidir.

6 Faites fondre séparément les 30 g de chocolat blanc et le chocolat noir restant au micro-ondes, puis décorez-en la tarte cookie avec de fins filets.

Pour faciliter le démoulage, vous pouvez mettre un disque de papier cuisson au fond du moule avant d'y verser la pâte.

Brookie marbré

Pour 6 à 8 personnes
Préparation : 30 min
Cuisson : 25 min

---

60 g de cerneaux de noix
120 g de beurre
200 g de chocolat noir
90 g de chocolat blanc
3 œufs
180 g de cassonade
3 œufs
90 g de farine

1 Hachez grossièrement les noix. Préchauffez le four à 180 °C (th. 6).

2 Mettez dans un bol 90 g de beurre et le chocolat noir grossièrement haché, puis faites fondre le tout au micro-ondes. De la même façon, faites fondre dans un autre bol le reste du beurre avec le chocolat blanc.

3 Mettez dans un saladier 2 œufs et 120 g de cassonade et fouettez jusqu'à obtention d'un mélange crémeux. Incorporez ensuite 60 g de farine. Ajoutez le chocolat noir fondu et mélangez jusqu'à obtenir une pâte homogène. Ajoutez les noix et mélangez rapidement.

4 Versez la pâte dans un moule à tarte carré de 22 cm environ, couvert de papier cuisson.

5 Mettez l'œuf restant et le reste de la cassonade dans un saladier puis fouettez jusqu'à obtenir une consistance crémeuse. Incorporez ensuite le reste de la farine. Ajoutez le chocolat blanc fondu et mélangez jusqu'à ce que la pâte soit homogène.

6 Versez cette pâte sur celle au chocolat noir et marbrez le tout en mélangeant rapidement avec une cuillère. Il ne faut pas trop mélanger pour garder le côté marbré.

7 Enfournez le brookie pour 20 minutes, puis éteignez le four et laissez-le encore 5 minutes, porte ouverte.

Vous pouvez décorer le brookie avec du chocolat noir et du chocolat blanc fondus.

Fleur briochée
aux marrons

Pour 6 personnes
Préparation : 25 à 30 min
Repos : 2 h 40
Cuisson : 30 min

---

250 g de lait tiède
60 g de sucre en poudre
30 g de levure de boulanger fraîche
½ cuil. à café de sel
450 g de farine
60 g de beurre mou
½ cuil. à café de sel
1 jaune d'œuf

Pour la garniture :
300 g de crème de marrons
1 cuil. à café de cannelle
50 g d'amandes effilées

1 Mélangez dans un bol 50 g de lait, 10 g de sucre et la levure émiettée, puis laissez reposer 10 minutes.

2 Mettez dans un saladier le sel, la farine, le reste du sucre et du lait ainsi que le contenu du bol et mélangez jusqu'à obtenir une pâte homogène. Enfin, incorporez le beurre coupé en morceaux.

3 Formez une boule avec la pâte. Mettez-la dans le saladier, couvrez de film alimentaire et laissez lever 2 heures à température ambiante.

4 Abaissez la pâte au rouleau de manière à obtenir un rectangle de 30 × 60 cm (4 ou 5 mm d'épaisseur). Étalez la crème de marrons sur toute la surface, puis parsemez de cannelle et de 40 g d'amandes effilées. Roulez la pâte pour former un boudin de 60 cm de long.

5 Coupez-le en tronçons de 6 cm. Posez un tronçon debout sur une plaque couverte de papier cuisson puis aplatissez-le légèrement avec la paume de la main. Entourez-le avec les autres tronçons, légèrement aplatis eux aussi. Posez un torchon dessus et laissez lever 30 minutes.

6 Préchauffez le four à 180 °C (th. 6).

7 Mélangez le jaune d'œuf avec 1 cuillerée à soupe d'eau et badigeonnez-en la fleur briochée au pinceau. Répartissez le reste des amandes dessus. Enfournez pour 25 à 30 minutes en surveillant la cuisson.

Vous pouvez remplacer la crème
de marrons par une pâte à tartiner pralinée.

Kanelbullars

Pour 4 personnes
Préparation : 30 min
Repos : 2 h 40
Cuisson : 15 min

200 g de lait tiède

60 g de sucre en poudre

25 g de levure de boulanger fraîche

400 g de farine

½ cuil. à café de sel

90 g de beurre mou

Pour la garniture :

60 g de beurre mou

60 g de sucre roux

1,5 cuil. à café de cannelle

Pour le glaçage :

1 jaune d'œuf

2 cuil. à soupe de lait

20 g de sucre en grains

1 Mélangez dans un bol 50 g de lait, 10 g de sucre en poudre et la levure émiettée, puis laissez reposer 10 minutes.

2 Dans un saladier, mélangez la farine, le sel, le reste du sucre et du lait ainsi que le contenu du bol jusqu'à obtenir une pâte homogène. Incorporez ensuite le beurre coupé en morceaux.

3 Formez une boule avec la pâte et mettez-la dans un saladier. Couvrez de film alimentaire et laissez lever 2 heures à température ambiante.

4 Abaissez la pâte au rouleau de manière à obtenir un rectangle de 30 × 60 cm (4 ou 5 mm d'épaisseur).

5 Préparez la garniture en mélangeant le beurre mou, le sucre roux et la cannelle dans un bol. Étalez la préparation sur toute la surface de la pâte. Roulez-la pour former un boudin de 60 cm de long.

6 Coupez-le en tronçons de 3 cm et posez-les debout sur une plaque couverte de papier cuisson en les espaçant. Posez un torchon sur le tout et laissez lever 30 minutes.

7 Préchauffez le four à 210 °C (th. 7).

8 Mélangez le jaune d'œuf et le lait dans un bol et badigeonnez-en les kanelbullars au pinceau. Parsemez-les de grains de sucre et enfournez-les pour 15 minutes en surveillant la cuisson.

Vous pouvez remplacer la cannelle
par de la cardamome en poudre.

Kringle

Pour 4 à 6 personnes
Préparation : 40 min
Repos : 2 h 10
Cuisson : 20 à 25 min

---

30 g de lait tiède

20 g de sucre en poudre

12 g de levure de boulanger fraîche

250 g de farine

½ cuil. à café de sel

2 œufs

120 g de beurre mou

Pour la garniture :

60 g de beurre fondu

45 g de cassonade

2 cuil. à café de cannelle en poudre

1 Mélangez dans un bol le lait tiède, le sucre et la levure émiettée. Laissez reposer 10 minutes.

2 Mettez dans un saladier la farine, le sel, les œufs brièvement battus et le contenu du bol. Mélangez bien le tout, puis incorporez le beurre mou coupé en morceaux.

3 Transférez la pâte dans un saladier fariné. Couvrez de film alimentaire et laissez lever 1 heure 30 à température ambiante.

4 Sur un plan de travail fariné, abaissez la pâte pour obtenir un rectangle de 40 × 30 cm. Badigeonnez-le de beurre fondu, puis saupoudrez-le de cassonade et de cannelle. Roulez la pâte pour obtenir un boudin de 40 cm de long.

5 Coupez-le en deux dans la longueur et torsadez les deux moitiés en gardant les côtés coupés vers le haut. Joignez les extrémités de la tresse de manière à obtenir un cercle fermé. Pincez légèrement la pâte pour que le kringle ainsi formé ne s'ouvre pas. Posez le kringle sur une plaque couverte de papier cuisson, couvrez-le d'un torchon et laissez-le lever 30 minutes.

6 Préchauffez le four à 180 °C (th. 6), puis enfournez pour 20 à 25 minutes.

Pour plus de croquant, parsemez le kringle d'amandes hachées et de cassonade.

Babka au praliné

Pour 6 à 8 personnes
Préparation : 40 min
Repos : 3 h 10
Réfrigération : 30 min
Cuisson : 30 min

---

90 g de lait tiède

8 g de levure de boulanger sèche

240 g de farine

60 g de sucre en poudre

2 pincées de sel

1 œuf

90 g de beurre mou

Pour la garniture :

180 g de pâte à tartiner pralinée

30 g de noisettes

30 g de pistaches

Pour le sirop :

45 g de sucre en poudre

45 g d'eau

1 Dans un bol, mélangez le lait et la levure et laissez reposer 10 minutes. Mettez la farine, le sucre et le sel dans un saladier, puis ajoutez l'œuf et le contenu du bol et mélangez le tout.

2 Incorporez le beurre coupé en morceaux, pétrissez jusqu'à obtenir une pâte homogène. Comptez une dizaine de minutes. Roulez la pâte en boule, déposez-la dans un saladier, couvrez d'un torchon et laissez reposer 2 heures.

3 Abaissez la pâte pour former un rectangle d'environ 28 × 38 cm. Recouvrez-le de pâte à tartiner en laissant un contour nature d'environ 2 cm.

4 Hachez grossièrement les noisettes et les pistaches. Répartissez-en les trois quarts sur la pâte à tartiner. Roulez la pâte dans la largeur, puis mettez-la au frais pour 30 minutes.

5 Coupez le boudin en deux sur toute sa longueur. Torsadez les deux parties, faces coupées vers le haut. Déposez la pâte torsadée dans un moule à cake de 25 × 12 cm, beurré et chemisé de papier cuisson. Parsemez le reste des noisettes et des pistaches. Couvrez d'un torchon et laissez reposer 1 heure.

6 Préchauffez le four à 180 °C (th. 6). Enfournez la babka pour 30 minutes environ en surveillant la cuisson.

7 Pendant ce temps, préparez le sirop : dans une casserole, portez à ébullition le sucre et l'eau, retirez du feu et laissez tiédir. Quand la babka est cuite, sortez-la du four puis badigeonnez-la généreusement de sirop à l'aide d'un pinceau.

Vous pouvez préparer la pâte la veille et la réserver au réfrigérateur. Dans ce cas, sortez-la 2 heures avant de commencer la babka.

Kouglof
aux cranberries et au chocolat

Pour 6 à 8 personnes
Préparation : 30 min
Repos : 2 h 10
Cuisson : 45 min

100 g de lait tiède
6 g de levure de boulanger sèche
250 g de farine
60 g de sucre en poudre
1 pincée de sel
1 œuf
90 g de beurre mou
60 g de cranberries
60 g de chocolat noir haché
Une quinzaine d'amandes
Sucre glace

Pour le sirop (facultatif) :
40 g d'eau
20 g de sucre en poudre
½ cuil. à café d'extrait de vanille

1 Dans un bol, mélangez le lait et la levure, puis laissez reposer 10 minutes.

2 Mettez dans un saladier la farine, le sucre, le sel, l'œuf rapidement battu et le contenu du bol, puis mélangez le tout. Incorporez ensuite le beurre coupé en cubes. Roulez la pâte en boule, déposez-la dans un saladier, couvrez d'un torchon et laissez reposer 1 heure.

3 Ajoutez les cranberries et le chocolat haché et pétrissez rapidement pour les intégrer dans la pâte. Déposez les amandes dans les rainures au fond d'un moule à kouglof beurré et fariné. Déposez la pâte dans le moule, couvrez d'un torchon et laissez lever 1 heure.

4 Préchauffez le four à 180 °C (th. 6), puis enfournez le kouglof pour 45 minutes. Pendant ce temps, réalisez le sirop : portez à ébullition l'eau, le sucre et l'extrait de vanille dans une petite casserole à feu moyen, puis laissez réduire 3 minutes.

5 Démoulez le kouglof sur une grille et badigeonnez-le de sirop. Laissez refroidir et saupoudrez de sucre glace.

Pour une préparation plus traditionnelle, remplacez les cranberries et le chocolat par des raisins secs.

Couques suisses

Pour 6 à 8 personnes
Préparation : 40 min
Repos : 1 h 30
Cuisson : 12 min

- 100 g de raisins secs
- 1 cuil. à café de rhum
- 20 cl de thé tiède
- 280 g de farine
- 30 g de sucre en poudre
- ½ cuil. à café de sel
- 120 g de lait
- 30 g d'œuf battu + 1 jaune + 15 g de blanc
- 10 g de levure de boulanger fraîche
- 60 g de beurre mou
- ½ dose de crème pâtissière (voir recette p. 6)
- 70 g de sucre glace
- ½ cuil. à café de jus de citron

1 Placez les raisins secs et le rhum dans un bol, versez le thé dessus et réservez.

2 Mettez dans un saladier la farine, le sucre, le sel, le lait, l'œuf battu et la levure émiettée, puis mélangez le tout. Incorporez ensuite le beurre coupé en morceaux.

3 Formez une boule avec la pâte et mettez-la dans un saladier. Couvrez de film alimentaire et laissez lever 1 heure à température ambiante. Préparez la crème pâtissière pendant ce temps.

4 Abaissez la pâte au rouleau sur un plan de travail légèrement fariné pour obtenir un rectangle d'environ 45 × 30 cm.

5 Fouettez brièvement la crème pâtissière puis étalez-la uniformément sur la pâte. Égouttez les raisins, séchez-les dans du papier absorbant et répartissez-les sur la crème.

6 Découpez la pâte dans la largeur en bandes de 2 cm, puis roulez-les en escargot. Placez les couques sur une plaque couverte de papier cuisson, couvrez de film alimentaire et laissez reposer 30 minutes à température ambiante.

7 Préchauffez le four à 210 °C (th. 7). Badigeonnez les couques au pinceau avec le jaune d'œuf mélangé à 1 cuillerée à soupe d'eau puis enfournez pour 12 minutes. Laissez refroidir sur une grille.

8 Fouettez dans un bol le sucre glace, le blanc d'œuf et le jus de citron. Arrosez les couques de ce mélange.

Fouettez l'œuf à la fourchette avant de peser.

Brioches suisses
au chocolat

Pour 6 à 8 personnes
Préparation : 30 min
Repos : 1 h 30
Cuisson : 15 min

280 g de farine
30 g de sucre en poudre
½ cuil. à café de sel
120 g de lait
30 g d'œuf battu + 1 jaune
10 g de levure de boulanger fraîche
60 g de beurre mou
½ dose de crème pâtissière (voir recette p. 6)
80 g de pépites de chocolat

Pour le sirop :
30 g d'eau
30 g de sucre en poudre

1 Mettez dans saladier, la farine, le sucre, le sel, le lait, les 30 g d'œuf battu et la levure émiettée, puis mélangez le tout. Incorporez ensuite le beurre coupé en morceaux.

2 Formez une boule avec la pâte, mettez-la dans un saladier. Couvrez-le de film alimentaire et laissez lever 1 heure à température ambiante. Préparez la crème pâtissière pendant ce temps.

3 Abaissez la pâte au rouleau sur un plan de travail légèrement fariné jusqu'à obtenir un rectangle de 52 × 24 cm.

4 Fouettez brièvement la crème pâtissière puis étalez-la uniformément sur la moitié de la pâte. Répartissez les pépites de chocolat sur la crème. Repliez la pâte sur la partie garnie en prenant soin de ne pas emprisonner de bulles d'air. Aplatissez doucement le tout avec les mains.

5 Découpez la pâte en bandes de 4 × 12 cm. Placez-les sur une plaque couverte de papier cuisson, couvrez de film alimentaire et laissez reposer 30 minutes à température ambiante.

6 Préchauffez le four à 180 °C (th. 6). Badigeonnez les brioches de jaune d'œuf dilué dans 1 cuillerée à soupe d'eau à l'aide d'un pinceau, puis enfournez pour 15 minutes.

7 Préparez le sirop en portant à ébullition l'eau et le sucre. Enduisez-en les brioches à l'aide d'un pinceau dès la sortie du four.

Cake marbré
chocolat praliné

Pour 6 à 8 personnes
Préparation : 20 min
Cuisson : 50 min
Réfrigération : 1 h

---

20 g de cacao en poudre
45 g de praliné en grains
180 g de beurre mou
180 g de sucre en poudre
3 œufs
180 g de farine
1 sachet de levure chimique
1 cuil. à café d'extrait de vanille

Pour la couverture :
100 g de chocolat noir
10 g d'huile de pépin de raisin
20 g de praliné en grains

1 Préchauffez le four à 180 °C (th. 6). Mixez rapidement le cacao et le praliné.

2 Dans un saladier, fouettez le beurre et le sucre jusqu'à ce que le mélange blanchisse. Incorporez les œufs un par un, toujours en fouettant. Ajoutez la farine et la levure, mélangez jusqu'à obtenir une pâte lisse.

3 Transférez la moitié de la pâte dans un autre saladier, ajoutez l'extrait de vanille et mélangez. Incorporez le praliné et le cacao dans l'autre moitié de pâte.

4 Versez les deux pâtes dans un moule à cake beurré et fariné d'environ 15 × 10 cm, en les alternant. Enfournez pour 50 minutes. Laissez tiédir avant de démouler.

5 Préparer la couverture : cassez le chocolat noir dans un bol et faites-le fondre au micro-ondes. Ajoutez l'huile et mélangez pour obtenir une préparation lisse. Ajoutez le praliné et mélangez de nouveau.

6 Placez le cake sur une grille, puis versez la couverture dessus. Laissez-le reposer 1 heure au réfrigérateur.

Vous pouvez remplacer le chocolat noir par du chocolat au lait.

Banana cake

Pour 6 à 8 personnes
Préparation : 20 min
Cuisson : 50 min

---

90 g de noix de pécan

5 bananes mûres

120 g de beurre mou

250 g de farine

1 cuil. à café de levure chimique

¼ de cuil. à café de cannelle en poudre

120 g de beurre mou

150 g de cassonade

5 bananes mûres

2 œufs

90 g de yaourt grec

90 g de noix de pécan

2 œufs

1 cuil. à café d'extrait de vanille

1 Préchauffez le four à 180 °C (th. 6). Hachez grossièrement les noix de pécan.

2 Coupez 3 bananes en morceaux et écrasez-les à la fourchette jusqu'à obtenir une purée grumeleuse. Réservez.

3 Mélangez la farine, la levure et la cannelle dans un saladier.

4 Dans un autre saladier, fouettez le beurre en morceaux et la cassonade. Incorporez les œufs un par un. Ajoutez le yaourt, la purée de bananes et l'extrait de vanille puis mélangez. Incorporez enfin les noix de pécan et le contenu du premier saladier.

5 Versez la pâte dans un moule à cake de 24 × 12 cm, beurré et fariné. Coupez les 2 bananes restantes en deux dans la longueur et déposez-les sur la pâte.

6 Enfournez pour 50 minutes. Démoulez le gâteau une fois tiède et laissez-le refroidir sur une grille.

Si les bananes ne sont pas assez mûres, mettez-les dans un sac en papier puis déposez-les dans un endroit chaud : elles mûriront plus vite.

Bundt cake

Pour 6 à 8 personnes
Préparation : 20 min
Cuisson : 45 min

---

160 g de chocolat au lait à pâtisser

210 g de beurre

220 g de farine

1 sachet de levure chimique

30 g de cacao en poudre

80 g de sucre en poudre

5 g de sel

6 œufs

Pour le glaçage au café :

25 g de blanc d'œuf

120 g de sucre glace

1 cuil. à café de miel liquide

1 cuil. à café de café lyophilisé

1 Préchauffez le four à 180 °C (th. 6). Placez le chocolat haché et le beurre dans un bol, faites fondre le tout au micro-ondes. Mélangez bien.

2 Mettez dans un saladier la farine, la levure, le cacao, le sucre et le sel, puis mélangez le tout. Incorporez ensuite les œufs, puis le chocolat et le beurre fondus, en remuant bien entre chaque ajout et jusqu'à obtenir une pâte homogène.

3 Versez la pâte dans un moule à bundt cake ou à kouglof, beurré et fariné. Enfournez pour 45 minutes. Vérifiez la cuisson en enfonçant la lame d'un couteau dans la pâte : elle doit ressortir propre. Prolongez la cuisson si nécessaire. Laissez refroidir le gâteau dans le moule, puis démoulez-le sur une grille.

4 Versez tous les ingrédients du glaçage dans un bol et mélangez jusqu'à obtenir une préparation homogène. Quand le bundt cake est bien froid, versez le glaçage en le faisant couler le long des rainures. Laissez-le se figer avant de servir.

Vous pouvez remplacer le café lyophilisé du glaçage par de l'extrait de vanille.

Brownie
aux noix de pécan

Pour 6 personnes
Préparation : 20 min
Cuisson : 25 min

---

360 g de chocolat noir
120 g de beurre
180 g de cassonade
3 œufs
90 g de farine
100 g de noix de pécan

1 Préchauffez le four à 180 °C (th. 6).

2 Placez 180 g de chocolat haché et le beurre dans un bol, faites fondre le tout au micro-ondes. Mélangez bien.

3 Dans un saladier, fouettez la cassonade et les œufs jusqu'à obtenir une préparation mousseuse. Ajoutez-y le chocolat et le beurre fondus et fouettez encore. Tamisez la farine et incorporez-la au reste.

4 Hachez grossièrement les noix de pécan et le reste du chocolat, puis ajoutez-les à la pâte en mélangeant rapidement.

5 Versez la pâte dans un moule carré d'environ 22 cm de côté tapissé de papier cuisson.

6 Enfournez pour 25 minutes. Laissez refroidir avant de déguster.

Vous pouvez remplacer le chocolat noir par du chocolat au lait.

Carrot cake

Pour 6 à 8 personnes
Préparation : 40 min
Repos : 10 min
Cuisson : 45 min
Réfrigération : 2 h

120 g de sucre roux

2 œufs

1 gousse de vanille

1 cuil. à café d'épices à pain d'épices

½ cuil. à café de gingembre en poudre

1 cuil. à café de zeste d'orange finement râpé

30 g de jus d'orange

60 g d'huile de tournesol

120 g de farine

1 cuil. à café de levure chimique

1 pincée de sel

30 g de noix hachées

90 g de carottes râpées

Pour la crème :

60 g de crème liquide entière

150 g de cream cheese (type Philadelphia®)

45 g de beurre mou

60 g de sucre glace

Pour le décor :

1 petite poignée de noix mélangées hachées (amandes effilées, pistaches, noix de pécan, etc.)

1 Dans un saladier, fouettez le sucre et les œufs jusqu'à obtenir un mélange homogène. Fendez et grattez la gousse de vanille au-dessus du saladier, ajoutez les épices à pain d'épices, le gingembre, le zeste et le jus d'orange et l'huile, puis mélangez rapidement le tout. Ajoutez la farine, la levure, le sel, les noix et les carottes râpées, puis mélangez encore. Laissez reposer dans le saladier 10 minutes.

2 Préchauffez le four à 180 °C (th. 6). Versez la pâte dans un moule à soufflé d'environ 15 cm de diamètre, beurré et fariné. Enfournez pour 45 minutes. Laissez tiédir avant de le démouler. Si besoin, découpez le haut de manière à obtenir une surface plate, puis posez le cake à l'envers sur une plaque et laissez-le refroidir.

3 Préparez la crème : versez la crème liquide dans un saladier et fouettez-la jusqu'à la monter en chantilly ferme. Mélangez dans un autre saladier le cream cheese, le beurre mou et le sucre glace. Ajoutez la chantilly et mélangez le tout.

4 Coupez le gâteau en deux dans la hauteur et tartinez généreusement une des deux moitiés de crème. Refermez le gâteau, puis recouvrez-le entièrement de crème. Terminez en décorant les bords avec le mélange de noix hachées. Réservez au frais minimum 2 heures avant de déguster.

Le carrot cake est encore meilleur le lendemain.

Ginger cake

Pour 6 à 8 personnes
Préparation : 20 min
Cuisson : 50 min

---

90 g de gingembre confit
300 g de farine
1 sachet de levure chimique
240 g de miel liquide
90 g de sucre roux
90 g de beurre mou
2 cuil. à café d'épices à pain d'épices
1 pincée de sel
2 jaunes d'œufs + 5 blancs

1 Préchauffez le four à 170 °C (th. 5-6).

2 Hachez très finement le gingembre, sauf 15 g à couper en très fines tranches et à réserver.

3 Versez dans un saladier la farine, la levure chimique, le miel, le sucre roux, le beurre, les épices, le gingembre haché et le sel, puis mélangez bien le tout.

4 Ajoutez les jaunes d'œufs et mélangez de nouveau jusqu'à obtenir une pâte homogène. Réservez.

5 Montez les blancs d'œufs en neige ferme. Incorporez vivement un tiers des blancs à la pâte, puis le reste délicatement à l'aide d'une maryse.

6 Versez la pâte dans un moule à cake de 24 × 14 cm, beurré et fariné. Parsemez-la des tranches fines de gingembre confit et enfournez pour 50 minutes. Laissez tiédir le pain d'épices avant de le démouler, puis laissez-le refroidir sur une grille.

Pour conserver le pain d'épices plus longtemps, emballez-le dans du film alimentaire.

Dundee cake

Pour 4 à 6 personnes
Préparation : 30 min
Cuisson : 1 h 50
Repos : 10 min

---

90 g de beurre mou

90 g de cassonade

2 cuil. à soupe de marmelade d'oranges

2 œufs

110 g de farine à gâteau (avec levure incorporée)

30 g de poudre d'amandes

2 cuil. à café d'épices à pain d'épices

90 g de raisins secs blancs

90 g de raisins secs blonds

10 g d'écorces d'orange confites coupées en dés

1 cuil. à soupe de whisky

90 g d'amandes émondées

1 Préchauffez le four à 150 °C (th. 5). Beurrez et tapissez un moule à gâteau profond de 20 cm avec du papier cuisson.

2 Dans un saladier, fouettez le beurre et la cassonade jusqu'à obtenir une préparation légère et mousseuse. Mettez ensuite la marmelade, mélangez rapidement puis incorporez les œufs un à un.

3 Ajoutez la farine, la poudre d'amandes et les épices. Mélangez jusqu'à obtenir une pâte homogène. Incorporez les raisins secs, les écorces d'orange et le whisky, mélangez pour bien les répartir.

4 Versez la pâte dans le moule, lissez la surface et disposez soigneusement les amandes émondées sur le dessus. Enfournez pour 1 heure 50. Vérifiez la cuisson en enfonçant la lame d'un couteau au centre : le gâteau est cuit si elle ressort propre.

5 Laissez tiédir 10 minutes, puis démoulez. Décollez le papier cuisson et laissez refroidir sur une grille.

Vous pouvez remplacer le whisky par la même quantité de lait.

Monkey bread

Pour 6 personnes
Préparation : 30 min
Repos : 2 h 10
Cuisson : 40 min

---

250 g de lait tiède

45 g de sucre en poudre

6 g de levure de boulanger sèche

500 g de farine

½ cuil. à café de sel

1 œuf

60 g de beurre fondu

Huile de colza ou de tournesol

Pour l'enrobage :

150 g de beurre fondu

150 g de vergeoise blonde

90 g de sucre en poudre

2 cuil. à café de cannelle en poudre

1 Dans un bol, mélangez à la cuillère le lait, le sucre et la levure, puis laissez reposer 10 minutes.

2 Versez dans un saladier la farine, le sel, l'œuf et le contenu du bol puis mélangez jusqu'à ce que la pâte commence à se former. Incorporez ensuite le beurre.

3 Déposez la pâte dans un saladier légèrement huilé, couvrez-le de film alimentaire et laissez lever à température ambiante pendant 1 heure.

4 Préparez l'enrobage : versez le beurre fondu dans une assiette creuse, les sucres et la cannelle dans une autre.

5 Partagez la pâte en environ 40 parts d'à peu près la même taille et roulez-les entre vos mains. Plongez chaque boulette d'abord dans le beurre fondu puis dans le sucre avant de la déposer dans un moule à kouglof généreusement beurré.

6 Mélangez le reste de beurre fondu, de sucres et de cannelle, puis versez le tout sur les boulettes dans le moule. Couvrez de film alimentaire et laissez lever à température ambiante pendant 1 heure.

7 Préchauffez le four à 180 °C (th. 6), puis enfournez pour 40 minutes. Dès la sortie du four, retournez le moule sur une assiette pour démouler. Le monkey bread se déguste tiède ou froid.

Les monkey breads sont souvent arrosés d'un glaçage royal ou de chocolat fondu.

Lemon cake

Pour 6 à 8 personnes
Préparation : 20 min
Cuisson : 50 min
Repos : 30 min

150 g de sucre en poudre
210 g de farine
1 sachet de levure chimique
150 g de beurre mou
3 œufs
150 g de yaourt brassé ou à la grecque
Jus et zeste de ½ citron

Pour le sirop :

40 g de jus de citron
80 g d'eau
60 g de sucre en poudre

Pour le décor :

90 g de sucre glace
12 g de blanc d'œuf
1 cuil. à café de jus de citron
20 g de pistaches hachées

1 Préchauffez le four à 180 °C (th. 6).

2 Mélangez dans un saladier le sucre, la farine et la levure. Ajoutez le beurre coupé en cubes, les œufs et le yaourt puis mélangez bien. Mélangez jusqu'à obtenir une préparation homogène. Incorporez enfin le jus et le zeste de citron.

3 Versez la pâte dans un moule à cake d'environ 24 × 12 cm, beurré et fariné, et enfournez pour 50 minutes.

4 Pendant ce temps, préparez le sirop. Placez dans une petite casserole, à feu moyen, le jus de citron, l'eau et le sucre. Prolongez la cuisson 5 minutes environ après l'ébullition, le temps que le sirop épaississe un peu.

5 Quand le cake est cuit, sortez-le du four et arrosez-le sans attendre de sirop à l'aide d'une cuillère. Laissez-le refroidir, puis démoulez-le et déposez-le sur une grille.

6 Préparez le glaçage en mélangeant dans un bol le sucre glace, le blanc d'œuf et le jus de citron. Couvrez-en le cake et parsemez de pistaches. Laissez-le se figer avant de déguster.

Vous pouvez réaliser ce cake avec un autre agrume, notamment avec du pamplemousse.

Cake léopard

Pour 6 à 8 personnes
Préparation : 1 h
Repos : 1 h 30
Cuisson : 40 min

- 10 g de levure de boulanger fraîche
- 90 g de sucre en poudre
- 240 g de lait tiède + 5 cuil. à café
- 390 g de farine
- 60 g de beurre mou
- 1 cuil. à café d'arôme de vanille
- 4 cuil. à café de cacao en poudre
- 1 cuil. à café d'arôme de vanille
- 100 g de chocolat noir
- 10 g d'huile de pépin de raisin
- 20 g de pralin en grains

1 Mélangez la levure émiettée, 10 g de sucre et 40 g de lait tiède dans un bol. Laissez reposer 10 minutes. Mettez dans un saladier la farine, le beurre coupé en morceaux, l'arôme de vanille, le reste du lait et du sucre et le contenu du bol. Mélangez jusqu'à ce que la pâte se forme, puis continuez de mélanger pendant 5 minutes. Prélevez la moitié de la pâte et réservez-la. Ajoutez 1 cuillerée à café de cacao dans la pâte restante dans le saladier et mélangez jusqu'à obtenir une couleur homogène.

2 Prélevez de nouveau la moitié de la pâte et réservez-la. Mélangez le reste du cacao avec 2 cuillerées à café de lait tiède, versez dans le saladier avec la pâte restante. Mélangez jusqu'à obtenir une couleur homogène. Vous obtenez 3 pâtes.. Filmez toutes les pâtes et laissez-les reposer à température ambiante pendant 1 heure.

3 Coupez chaque pâte en 8 parts égales. Roulez-les en boudins d'environ 10 cm de long. À l'aide d'un rouleau, aplatissez un boudin marron foncé et un boudin nature. Enroulez le boudin marron foncé aplati autour d'un boudin marron clair de manière à le couvrir complètement (mouillez légèrement les bords pour bien sceller la pâte). Enroulez ensuite le boudin de pâte nature applati par-dessus. Procédez ainsi pour toutes les parts de pâte.

4 Roulez ensuite tous les nouveaux boudins jusqu'à ce qu'ils soient deux fois plus longs que le moule à cake. Coupez-les en deux puis déposez-les dans le moule beurré et fariné, sans laisser de bulles d'air. Couvrez d'un torchon et laissez lever 20 minutes.

5 Préchauffez le four à 180 °C (th. 6). Badigeonnez le cake de lait avec un pinceau. Enfournez 40 minutes. Laissez tiédir. Faites fondre le chocolat au micro-ondes puis mélangez-le avec l'huile. Versez ce mélange sur le cake démoulé, puis parsemez-le de pralin.

Devil's food cake

Pour 8 personnes
Préparation : 40 min
Cuisson : 25 min
Réfrigération : 1 h

---

210 g de beurre mou
210 g de cassonade
60 g de cacao amer en poudre
120 g de crème liquide
3 œufs
240 g de farine à gâteau (avec levure incorporée)
1 sachet de levure chimique
¼ de cuil. à café de sel

Pour la ganache :
300 g de chocolat noir pâtissier
60 g de beurre doux
300 g de crème liquide entière
1 cuil. à soupe de miel liquide

1 Préchauffez le four à 180 °C (th. 6). Dans un saladier, mélangez le beurre mou et la cassonade jusqu'à obtenir une préparation homogène et crémeuse. Incorporez le cacao et la crème, puis les œufs un par un. Ajoutez la farine, la levure et le sel puis continuez à mélanger jusqu'à obtenir une pâte homogène.

2 Répartissez la pâte dans deux moules à manqué d'environ 18 cm de diamètre, beurrés et farinés. Enfournez pour 25 minutes environ. Vérifiez la cuisson avec la pointe d'un couteau : elle doit ressortir sèche. Laissez tiédir les gâteaux dans les moules, puis démoulez-les et déposez-les sur une grille pour les laisser refroidir complètement.

3 Pendant ce temps, préparez la ganache : mettez le chocolat haché dans un bol avec le beurre et la crème, faites fondre au micro-ondes puis mélangez à la maryse. Ajoutez le miel et mélangez jusqu'à obtention d'une ganache bien lisse. Couvrez le bol de film alimentaire et laissez refroidir 1 heure au frais.

4 Sortez la ganache du réfrigérateur, fouettez-la pour qu'elle devienne onctueuse.

5 Couvrez un des deux gâteaux de ganache, posez le deuxième gâteau dessus et recouvrez le tout de ganache en lissant les côtés et le dessus à la spatule.

Vous pouvez parsemer le pourtour du gâteau de chocolat noir.

Layer cake
café et cacao

Pour 6 à 8 personnes
Préparation : 20 min
Cuisson : 5 min
Réfrigération : 2 h

2 génoises (voir recette p. 10)

2 cuil. à soupe de cacao en poudre

Pour le sirop :

100 g d'eau

240 g de sucre en poudre

4 g de café lyophilisé

Pour la chantilly :

400 g de mascarpone

250 g de crème liquide entière

60 g de sucre glace

1 Préparez les génoises.

2 Réalisez le sirop : portez l'eau et le sucre à ébullition dans une casserole, baissez le feu et incorporez le café lyophilisé en fouettant. Laissez refroidir.

3 Dans un saladier, fouettez le mascarpone, la crème liquide et le sucre glace en chantilly ferme.

4 Coupez les génoises en deux dans l'épaisseur. Imbibez toutes les surfaces coupées de sirop au café.

5 Couvrez le dessus de chaque demi-gâteau de chantilly. Empilez-les, couvrez le tour de crème et lissez à l'aide d'une spatule.

6 Mettez le layer cake au réfrigérateur au moins 2 heures avant de servir. Saupoudrez-le de cacao juste avant de déguster.

Vous pouvez remplacer le cacao en poudre par des copeaux de chocolat.

New York
cheese-cake

Pour 8 personnes
Préparation : 30 min
Cuisson : 1 h 05
Congélation : 15 min
Repos : 10 min
Réfrigération : 2 h

- 100 g de biscuits (type McVitie's®)
- 20 g de sucre roux
- 30 g de beurre
- 375 g de cream cheese (type Philadelphia®)
- 75 g de sucre en poudre
- 15 g de farine
- 3 jaunes d'œufs
- 300 g de crème liquide entière
- 1 gousse de vanille
- 150 de crème fraîche
- 25 g de sucre glace
- 1 cuil. à café de jus de citron

1 Mixez assez finement les biscuits. Dans un saladier, mélangez cette poudre de biscuits, le sucre roux et le beurre coupé en morceaux jusqu'à amalgamer la pâte.

2 Déposez cette pâte au fond d'un moule beurré et tassez-la bien avec le dos d'une cuillère en la faisant légèrement remonter sur les côtés. Réservez au congélateur le temps de préparer la crème.

3 Préchauffez le four à 180 °C (th. 6).

4 Dans un saladier, fouettez le cream cheese, le sucre en poudre et la farine jusqu'à obtenir un mélange homogène. Incorporez les jaunes d'œufs un par un, en mélangeant bien entre chaque. Ajoutez la crème liquide, fendez la gousse de vanille et grattez-la au-dessus du saladier, puis fouettez de nouveau jusqu'à obtention d'une crème homogène.

5 Versez la crème dans le moule. Baissez le four à 150 °C (th. 5) et enfournez pour 50 minutes.

6 Mettez dans un saladier la crème fraîche, le sucre glace et le jus de citron puis fouettez pour obtenir une crème onctueuse.

7 Sortez le moule du four et laissez retomber le cheese-cake pendant 10 minutes. Versez la crème dessus puis enfournez de nouveau pour 15 minutes.

8 Laissez refroidir puis placez au réfrigérateur pour au moins 2 heures ou jusqu'au lendemain.

Cheese-cake
au café

Pour 8 personnes
Préparation : 30 min
Cuisson : 50 min
Congélation : 15 min
Réfrigération : 2 h

- 100 g de spéculoos
- 20 g de sucre roux
- 30 g de beurre mou
- 300 g de cream cheese (type Philadelphia®)
- 100 g de mascarpone
- 75 g de sucre en poudre
- 15 g de farine
- 3 jaunes d'œufs
- 300 g de crème liquide entière
- 2 g de café lyophilisé
- 1 cuil. à soupe d'eau chaude

1 Mixez assez finement les spéculoos. Dans un saladier, mélangez la poudre obtenue, le sucre roux et le beurre coupé en morceaux jusqu'à amalgamer la pâte.

2 Déposez cette pâte au fond d'un moule beurré et tassez-la bien avec le dos d'une cuillère en la faisant légèrement remonter sur les côtés. Réservez au congélateur le temps de préparer la crème.

3 Préchauffez le four à 180 °C (th. 6). Dans un saladier, fouettez le cream cheese, le mascarpone, le sucre en poudre et la farine jusqu'à obtenir un mélange homogène. Incorporez les jaunes d'œufs un par un, en mélangeant bien entre. Ajoutez la crème liquide et fouettez jusqu'à obtention d'une crème homogène.

4 Diluez le café dans l'eau chaude. Versez-le dans le saladier et mélangez très brièvement à la cuillère pour garder le côté marbré.

5 Versez la pâte dans le moule, baissez le four à 150 °C (th. 5) et enfournez pour 50 minutes.

6 Laissez refroidir puis mettez au réfrigérateur pour au moins 2 heures ou jusqu'au lendemain.

Vous pouvez remplacer le café lyophilisé par la même quantité de chicorée en poudre.

Tarte Bakewell

Pour 6 à 8 personnes
Préparation : 30 min
Cuisson : 1 h

---

1 pâte sablée
(voir recette p. 12)

1 blanc d'œuf

150 g de beurre mou

90 g de sucre en poudre

2 œufs

30 g de farine

150 g de poudre d'amandes

100 g de confiture
de framboises

30 g d'amandes effilées

1 Préchauffez le four à 180 °C (th. 6). Étalez la pâte sablée et foncez un moule à tarte d'environ 24 cm de diamètre, beurré et fariné. Couvrez la pâte avec une feuille de papier cuisson puis avec des poids de cuisson ou des haricots secs et enfournez pour 15 minutes.

2 Sortez le moule du four, retirez le papier cuisson et son contenu. Badigeonnez le fond de tarte avec le blanc d'œuf puis enfournez de nouveau pour 5 minutes. Laissez refroidir. N'éteignez pas le four, baissez-le à 160 °C (th. 5-6).

3 Fouettez le beurre et le sucre dans un saladier jusqu'à ce que le mélange blanchisse. Incorporez les œufs un par un toujours en fouettant.

4 Ajoutez la farine et la poudre d'amandes, puis mélangez pour obtenir une crème homogène.

5 Étalez la confiture de framboises sur le fond de tarte refroidi. Déposez la crème d'amandes dessus par petites cuillerées, lissez-la délicatement pour qu'elle ne se mélange pas à la confiture puis parsemez-la d'amandes effilées.

6 Enfournez pour 40 minutes. Laissez refroidir la tarte avant de la démouler.

Traditionnellement, on utilise de la confiture de framboises, mais on peut aussi utiliser de la confiture de cerises ou de fraises.

Tarte Manchester

Pour 6 à 8 personnes
Préparation : 15 min
Cuisson : 20 min

---

1 pâte sablée
(voir recette p. 12)

1 blanc d'oeuf

150 g de gelée de framboises

2 feuilles de gélatine

1 bol d'eau froide

1 dose de crème pâtissière
(voir recette p. 6)

60 g de noix de coco déshydratée en poudre

1 cerise confite

1 Préchauffez le four à 180 °C (th. 6).

2 Abaissez la pâte sablée et foncez un moule à tarte d'environ 24 cm de diamètre, beurré et fariné. Couvrez la pâte avec une feuille de papier cuisson puis avec des poids de cuisson ou des haricots secs et enfournez pour 15 minutes.

3 Sortez le moule du four, retirez le papier cuisson et son contenu. Badigeonnez le fond de tarte avec le blanc d'œuf puis enfournez de nouveau pour 5 minutes.

4 Étalez la gelée de framboises sur le fond de tarte. Faites tremper les feuilles de gélatine dans le bol d'eau.

5 Dans un saladier, fouettez la crème pâtissière jusqu'à ce qu'elle soit onctueuse. Transvasez-la dans un bol allant au micro-ondes et faites-la réchauffer légèrement. Ajoutez la gélatine essorée, mélangez bien puis laissez tiédir.

6 Versez la crème sur la gelée de framboises et laissez refroidir. Parsemez la tarte de noix de coco et terminez en déposant une cerise confite au centre.

Vous pouvez étaler la gelée de framboises fraîches avant de la couvrir de crème pâtissière.

Pecan pie

Pour 6 à 8 personnes
Préparation : 20 min
Cuisson : 45 min

½ pâte sablée
(voir recette p. 12)
180 g de noix de pécan
45 g de beurre mou
60 g de sucre roux
2 œufs
60 g de sirop d'érable

1 Préchauffez le four à 180 °C (th. 6).

2 Abaissez la pâte sablée et foncez un moule à tarte d'environ 20 cm de diamètre, beurré et fariné. Couvrez la pâte avec une feuille de papier cuisson puis avec des poids de cuisson ou des haricots secs et enfournez pour 15 minutes.

3 Sortez le moule du four, retirez la feuille de papier cuisson et son contenu puis laissez tiédir. Hachez grossièrement la moitié des noix de pécan.

4 Dans un saladier, fouettez le beurre et le sucre jusqu'à ce que le mélange blanchisse. Ajoutez les œufs rapidement battus et le sirop d'érable, puis fouettez de nouveau pour obtenir un mélange homogène. Ajoutez les noix de pécan hachées et mélangez rapidement.

5 Versez la préparation sur le fond de tarte, puis décorez-la en parsemant le reste des noix de pécan. Enfournez pour 30 minutes. Laissez refroidir.

Avant de hacher les noix de pécan, mettez de côté les plus jolies pour décorer la tarte.

Financiers
noisettes et myrtilles

Pour 6 personnes
Préparation : 20 min
Repos : 30 min
Cuisson : 15 à 18 min

---

90 g de beurre doux
60 g de poudre d'amandes
100 g de sucre glace
40 g de farine
1 pincée de sel
90 g de blancs d'œufs
20 g de miel liquide
40 g de farine
90 g de blancs d'œufs
20 g de noisettes
1 trentaine de myrtilles

1 Chauffez le beurre dans une petite casserole, à feu moyen. Quand de la mousse se forme en surface, se colore très légèrement puis tombe au fond de la casserole, retirez du feu et filtrez le beurre.

2 Mettez dans un saladier la poudre d'amandes, le sucre glace, la farine et le sel, puis mélangez bien le tout. Ajoutez les blancs d'œufs et mélangez rapidement jusqu'à leur incorporation. Ajoutez le beurre filtré et le miel, puis mélangez de nouveau. Laissez reposer au moins 30 minutes.

3 Préchauffez le four à 210 °C (th. 7).

4 Versez la pâte dans les moules en les remplissant aux trois quarts. Parsemez de noisettes grossièrement hachées et de myrtilles. Enfournez pour 15 à 18 minutes en surveillant la cuisson.

Vous pouvez remplacer les noisettes et les myrtilles par des amandes et des framboises.

Scones

Pour 4 personnes
Préparation : 20 min
Cuisson : 25 à 30 min

- 120 g de lait + un peu pour badigeonner
- 1 cuil. à café de jus de citron
- 320 g de farine
- 50 g de sucre en poudre
- 1 cuil. à café de levure chimique
- 30 g de raisins secs
- 30 g de cranberries
- 90 g de beurre demi-sel mou
- 1 cuil. à café de jus de citron
- 1 œuf

1 Mélangez le lait et le jus de citron dans un bol. Dans un saladier, mélangez brièvement la farine, le sucre, la levure et les fruits secs.

2 Ajoutez-y le beurre coupé en morceaux, incorporez-le bien. Versez enfin le bol de lait et de jus de citron ainsi que l'œuf, puis mélangez jusqu'à obtenir une pâte homogène.

3 Préchauffez le four à 180 °C (th. 6). Abaissez la pâte au rouleau sur un plan de travail légèrement fariné jusqu'à obtenir une épaisseur de 3 ou 4 cm. Coupez des disques de pâte avec un emporte-pièce d'environ 7 cm de diamètre. Déposez-les sur une plaque couverte de papier cuisson.

4 Badigeonnez les scones de lait à l'aide d'un pinceau. Enfournez pour 25 à 30 minutes. Dégustez chaud, tiède ou froid.

Ramassez les chutes de pâte et abaissez-les pour réaliser d'autres scones !

Lemon squares

Pour 6 à 8 personnes
Préparation : 20 min
Cuisson : 35 min
Réfrigération : 2 h

Pour le fond :

180 g de farine

90 g de cassonade

150 g de beurre froid

Le zeste de ½ citron finement râpé

Pour la crème au citron :

150 g de sucre en poudre

25 g de Maïzena®

200 g de jus de citron

Zeste de 1 citron finement râpé

3 œufs

Sucre glace pour le décor

1 Préchauffez le four à 180 °C (th. 6).

2 Dans un saladier, mélangez la farine, la cassonade, le beurre et le zeste de citron jusqu'à obtenir une pâte homogène.

3 Tapissez avec cette pâte un moule carré d'environ 22 cm de côté couvert de papier cuisson, en l'étalant avec les doigts. Enfournez pour 20 minutes.

4 Pendant ce temps, préparez la crème au citron. Mettez le sucre et la Maïzena® dans un saladier et mélangez rapidement. Ajoutez le jus et le zeste de citron, mélangez, puis incorporez les œufs un par un. Versez le tout dans une casserole et faites épaissir à feu moyen en fouettant régulièrement.

5 Versez la crème au citron dans le moule et lissez-la avec le dos d'une cuillère. Enfournez pour 15 minutes.

6 Laissez refroidir complètement, puis réservez au réfrigérateur pendant 2 heures. Au moment de servir, coupez en carrés et saupoudrez de sucre glace.

Si un peu d'humidité s'est formée sur le dessus des lemon squares, retirez-la délicatement avec du papier absorbant avant de les saupoudrer de sucre glace.

Key lime pies

Pour 4 personnes
Préparation : 30 min
Cuisson : 25 min
Réfrigération : 3 h

300 g de biscuits aux flocons d'avoine (voir recette p. 174)

120 g de beurre fondu

400 g de lait concentré sucré

4 jaunes d'œufs

Jus de 4 citrons verts

Zeste de ½ citron vert finement râpé

½ dose de crème chantilly au mascarpone (voir recette p. 8)

1 Préchauffez le four à 150 °C (th. 5).

2 Mixez finement les biscuits. Dans un saladier, mélangez la poudre obtenue avec le beurre fondu.

3 Garnissez 4 moules à tartelettes d'environ 14 cm de diamètre avec cette pâte, tassez bien. Enfournez pour 10 minutes puis, à la sortie du four, tassez de nouveau les fonds de tarte avec le dos d'une cuillère. Laissez refroidir.

4 Dans un saladier, fouettez les jaunes d'œufs jusqu'à ce qu'ils commencent à blanchir. Ajoutez le lait concentré et fouettez de nouveau. Versez le jus et le zeste de citron, puis fouettez une dernière fois pendant 2 ou 3 minutes.

5 Répartissez cette préparation sur les fonds de tarte, enfournez pour 15 minutes. Laissez refroidir puis mettez au frais au moins 3 heures (vous pouvez les y laisser jusqu'au lendemain).

6 Au moment de servir, démoulez les tartelettes, décorez-les avec de la chantilly puis parsemez-les de zeste de citron vert finement râpé.

Vous pouvez gagner du temps en utilisant des biscuits aux flocons d'avoine tout prêts.

Madeleines

Pour 4 à 6 personnes
Préparation : 15 min
Réfrigération : 2 h
Cuisson : 15 min

---

3 œufs

150 g de sucre en poudre

Zeste de 1 citron vert très finement râpé

200 g de farine

5 g de levure chimique

180 g de beurre fondu

20 g de lait

1 Mettez dans un saladier les œufs, le sucre et le zeste de citron, puis fouettez le tout jusqu'à obtenir un mélange mousseux. Tout en continuant de fouetter, ajoutez la farine et la levure en pluie. Enfin, incorporez le beurre fondu et le lait. Laissez reposer la pâte au réfrigérateur pendant 2 heures.

2 Préchauffez le four à 200 °C (th. 6-7). Beurrez des moules à madeleines et remplissez-les aux trois quarts.

3 Baissez le four à 180 °C (th. 6) et enfournez pour 15 minutes en surveillant la cuisson.

Vous pouvez déposer un ou deux morceaux de framboise au fond des moules avant la pâte.

Cupcakes caramel

Pour 4 personnes
Préparation : 30 min
Réfrigération : 2 h
Cuisson : 20 à 25 min

120 g de beurre mou

90 g de sucre en poudre

2 œufs

180 g de farine

½ cuil. à café de levure chimique

90 g de caramel liquide au beurre salé

Pour la crème :

90 g de caramel liquide au beurre salé

150 g de cream cheese (type Philadelphia®)

60 g de beurre mou

Pour le décor :

20 g de noisettes hachées

1 Préparez la crème au beurre : versez le caramel, le cream cheese et le beurre dans un saladier et fouettez jusqu'à obtenir une crème onctueuse. Réservez au réfrigérateur pour 2 heures.

2 Préchauffez le four à 180 °C (th. 6).

3 Fouettez le beurre et le sucre dans un saladier jusqu'à ce que le mélange blanchisse. Incorporez les œufs un par un en continuant de fouetter. Ajoutez la farine et la levure, mélangez jusqu'à obtention d'une pâte homogène, puis, tout en mélangeant, incorporez le caramel.

4 Remplissez des caissettes en papier aux trois quarts avec cette pâte, puis enfournez pour 20 à 25 minutes. Laissez refroidir complètement.

5 Mettez la crème au beurre dans une poche à douille et couvrez-en les cupcakes. Terminez en les parsemant de noisettes hachées.

Si le beurre ne s'incorpore pas complètement à la crème et qu'il reste des morceaux, réchauffez la crème quelques secondes au micro-ondes, donnez-lui un coup de fouet puis laissez-la refroidir.

Cupcakes
très chocolat

Pour 4 personnes
Préparation : 40 min
Réfrigération : 4 h
Cuisson : 20 min

---

120 g de beurre mou

120 g de sucre en poudre

2 œufs

180 g de farine

½ cuil. à café de levure chimique

6 cuil. à soupe de lait

60 g de chocolat noir grossièrement haché

30 g de cacao en poudre

Pour la crème :

120 g de chocolat noir grossièrement haché

180 g de crème liquide entière

1 Pour préparer la crème, mettez le chocolat dans un saladier, portez la crème liquide à ébullition au micro-ondes, puis versez-la dessus. Couvrez avec une assiette et laissez reposer 3 minutes. Fouettez à la main jusqu'à obtenir une crème onctueuse. Laissez refroidir, filmez au contact et réservez au réfrigérateur 4 heures.

2 Préchauffez le four à 180 °C (th. 6).

3 Fouettez le beurre et le sucre dans un saladier jusqu'à ce que le mélange blanchisse. Incorporez les œufs un par un en continuant de fouetter. Ajoutez la farine et la levure, mélangez jusqu'à obtenir une pâte homogène.

4 Incorporez le lait, puis le chocolat noir et le cacao et mélangez une dernière fois.

5 Remplissez des caissettes en papier aux trois quarts avec cette pâte, puis enfournez pour 20 minutes. Laissez refroidir complètement.

6 Fouettez la crème au chocolat jusqu'à obtenir une texture onctueuse, mettez-la dans une poche à douille et couvrez-en les cupcakes.

Vous pouvez préparer la crème pour couvrir les cupcakes la veille. Dans ce cas, sortez-la du réfrigérateur 20 minutes avant de la fouetter.

Rochers coco

Pour 4 personnes
Préparation : 20 min
Cuisson : 12 min

---

180 g de noix de coco déshydratée en poudre

2 blancs d'œufs

120 g de sucre en poudre

1 cuil. à soupe de liqueur de coco (type Malibu®)

1 Préchauffez le four à 180 °C (th. 6).

2 Versez la noix de coco et les blancs d'œufs dans saladier et mélangez jusqu'à ce que les blancs soient bien incorporés.

3 Ajoutez le sucre et le Malibu® et mélangez de nouveau jusqu'à obtenir une préparation homogène.

4 Formez des petites pyramides arrondies d'environ 30 g en compressant bien la pâte entre vos mains.

5 Déposez-les sur une plaque couverte de papier cuisson, puis enfournez pour 12 minutes en surveillant la cuisson. Laissez refroidir.

Vous pouvez orner les rochers de filets de chocolat noir fondu.

Mirlitons
framboise

Pour 8 mirlitons
Préparation : 20 min
Cuisson : 25 min

1 rouleau de pâte feuilletée
90 g de poudre d'amandes
90 g de sucre en poudre
1 sachet de sucre vanillé
2 œufs
60 g de crème fraîche épaisse
4 cuil. à café de confiture de framboises
Sucre glace (facultatif)

1 Préchauffez le four à 180 °C (th. 6). Découpez 8 disques dans la pâte feuilletée et foncez 8 moules à tartelettes d'environ 8 cm de diamètre.

2 Dans un saladier, mélangez d'abord la poudre d'amandes et les sucres. Incorporez ensuite les œufs. Ajoutez enfin la crème fraîche et mélangez jusqu'à obtenir une pâte homogène.

3 Déposez sur chaque fond de tarte une demi-cuillerée à café de confiture de framboises, puis couvrez-la de crème d'amandes. Enfournez pour 25 minutes.

4 Laissez refroidir. Saupoudrez éventuellement de sucre glace au moment de servir.

Vous pouvez remplacer la confiture de framboises par une autre confiture : d'abricots, de pommes, de poires...

Cookies
aux pralines roses

Pour 4 personnes
Préparation : 20 min
Réfrigération : 1 h
Cuisson : 15 à 18 min

120 g de beurre mou
60 g de cassonade
1 œuf
150 g de farine
½ cuil. à café de levure chimique
1 gousse de vanille
150 g de pralines roses concassées

1 Dans saladier, fouettez le beurre et la cassonade jusqu'à ce que le mélange devienne crémeux. Ensuite, incorporez l'œuf.

2 Ajoutez la farine et la levure, fendez et grattez la gousse de vanille au-dessus du saladier et mélangez jusqu'à obtenir une pâte homogène. Mettez enfin les pralines et mélangez très rapidement.

3 Versez la pâte dans un saladier, couvrez-la de film alimentaire puis réservez au frais pour 1 heure.

4 Préchauffez le four à 180 °C (th. 6). Formez des boules de pâte d'environ 60 g, aplatissez-les légèrement entre vos mains et disposez-les sur une plaque couverte de papier cuisson. Ne les serrez pas trop : les cookies vont s'étaler en cuisant !

5 Enfournez pour 15 à 18 minutes. Laissez refroidir sur une grille avant de déguster.

Pour des cookies encore plus gourmands, ajoutez à la pâte 60 g de chocolat blanc grossièrement haché en même temps que les pralines.

Cookies
aux chocolats et pistaches

Pour 4 personnes
Préparation : 20 min
Réfrigération : 30 min
Cuisson : 15 min

---

70 g de beurre demi-sel mou
50 g de beurre mou
50 g de sucre en poudre
50 g de sucre roux
1 œuf
180 g de farine
1 cuil. à café de levure chimique
50 g de chocolat blanc concassé
50 g de chocolat noir concassé
50 g de pistaches hachées

1 Préchauffez le four à 180 °C (th. 6).

2 Dans un saladier, fouettez les beurres et les sucres jusqu'à obtention d'une crème onctueuse. Incorporez ensuite l'œuf. Ajoutez la farine, la levure, les chocolats et les trois quarts des pistaches, puis mélangez de nouveau pour obtenir une pâte homogène.

3 Roulez la pâte en boule, enveloppez-la dans du film alimentaire et réservez-la 30 minutes au frais.

4 Faites des petites boules de pâte d'environ 50 g. Écrasez-les légèrement entre vos mains et disposez-les sur une plaque couverte de papier cuisson. Ne les serrez pas trop : les cookies vont s'étaler en cuisant ! Répartissez le reste de pistaches hachées dessus.

5 Enfournez pour 15 minutes en surveillant la cuisson. Laissez refroidir les cookies sur une grille.

Vous pouvez remplacer les pistaches par des amandes ou des noisettes.

Cookies
croustillants

Pour 8 personnes
Préparation : 20 min
Cuisson : 15 à 18 min

---

90 g de cranberries
60 g d'amandes
60 g de noisettes
60 g de pistaches
180 g de beurre mou
90 g de sucre en poudre
120 g de sucre muscovado
2 œufs
300 g de farine
1 cuil. à café de levure chimique

1 Préchauffez le four à 180 °C (th. 6). Hachez grossièrement les fruits secs.

2 Fouettez le beurre et les sucres dans saladier pour obtenir un mélange homogène. Toujours en fouettant, incorporez les œufs l'un après l'autre.

3 Ajoutez la farine et la levure, puis mélangez jusqu'à obtention d'une pâte homogène. Ajoutez les trois quarts des fruits secs et mélangez rapidement.

4 Faites des boules de pâte d'environ 60 g, puis aplatissez-les avec la paume de la main sur le reste des fruits secs. Disposez-les sur une plaque couverte de papier cuisson. Ne les serrez pas trop : les cookies vont s'étaler en cuisant !

5 Enfournez pour 15 à 18 minutes. Laissez refroidir sur la plaque.

Pour encore plus de gourmandise, vous pouvez ajouter 60 g de chocolat noir ou au lait grossièrement haché à la pâte en même temps que les fruits secs.

Gingerbread men

Pour 6 à 8 personnes
Préparation : 40 min
Réfrigération : 30 min
Cuisson : 18 min

---

120 g de beurre mou

120 g de sucre roux

90 g de miel liquide

1 œuf

220 g de farine

1 cuil. à café de levure chimique

1 cuil. à café d'épices à pain d'épices

1 cuil. à café de gingembre en poudre

Pour le glaçage :

180 g de sucre glace

1 blanc d'œuf

2 cuil. à café de jus de citron vert

½ cuil. à café de gingembre en poudre

1 Préchauffez le four à 160 °C (th. 5-6). Dans un saladier, mélangez le beurre mou, le sucre roux et le miel jusqu'à obtenir un mélange homogène. Ajoutez l'œuf et fouettez jusqu'à ce qu'il soit incorporé. Mélangez la farine avec la levure et les épices puis incorporez-les au mélange. Formez une boule avec la pâte, couvrez-la de film alimentaire et réservez-la au réfrigérateur 30 minutes.

2 Préchauffez le four à 160 °C (th. 5-6). Abaissez la pâte au rouleau jusqu'à obtenir une épaisseur de 5 mm environ. Découpez des formes à l'emporte-pièce, puis disposez-les sur une plaque couverte de papier cuisson.

3 Enfournez pour 18 minutes, puis laissez refroidir.

4 Pendant ce temps, préparez le glaçage : versez dans un saladier le sucre glace, le blanc d'œuf, le jus de citron et le gingembre et fouettez jusqu'à obtenir une préparation homogène.

5 Une fois les gingerbread men froids, décorez-les avec le glaçage.

Vous pouvez bien sûr dévorer ces biscuits... mais aussi les utiliser comme décorations pour les fêtes de fin d'année !

Macarons faciles

Pour 4 personnes
Préparation : 20 min
Cuisson : 15 min

---

2 blancs d'œufs

180 g de sucre en poudre

150 g de poudre d'amandes

Quelques gouttes d'extrait d'amande amère

1 Préchauffez le four à 180 °C (th. 6).

2 Dans un saladier, fouettez les blancs d'œufs jusqu'à ce qu'ils commencent à monter en neige. Ajoutez le sucre en pluie en continuant de fouetter jusqu'à obtenir une crème lisse, brillante et onctueuse.

3 Ajoutez la poudre d'amandes et l'extrait d'amande amère puis mélangez délicatement à la maryse.

4 Versez la pâte dans une poche munie d'une douille d'environ 1 cm de diamètre et faites des petits disques d'environ 3 cm de diamètre sur une ou deux plaques couvertes de papier cuisson pour former les macarons. Espacez-les car la pâte va s'étaler en cuisant.

5 Enfournez, baissez la température à 150 °C (th. 5) et faites cuire 15 minutes en surveillant. Sortez les macarons du four, faites-les glisser sur une grille et laissez-les refroidir avant de déguster.

Vous pouvez coller les macarons deux à deux avec un peu de ganache.

Ghoribas coco
et cacao

Pour 6 à 8 personnes
Préparation : 20 min
Cuisson : 15 min

---

60 g de sucre muscovado

10 g de cacao en poudre

1 œuf

20 g d'huile de colza

120 g de semoule fine

60 g de noix de coco râpée déshydratée

1 cuil. à café de levure chimique

20 g de sucre glace

1 Préchauffez le four à 180 °C (th. 6).

2 Mélangez le muscovado et le cacao dans un saladier. Incorporez l'œuf et l'huile, mélangez pour obtenir une préparation homogène. Ajoutez la semoule, la noix de coco et la levure et mélangez jusqu'à obtention d'une pâte homogène.

3 Faites des petites boules de 20 g environ puis roulez-les entre vos mains (serrez bien la pâte avant de la rouler). N'hésitez pas à vous humidifier légèrement les mains au préalable.

4 Versez le sucre glace dans une assiette puis roulez-y chaque boulette. Déposez-les délicatement sur une plaque couverte de papier cuisson.

5 Enfournez pour 15 minutes. Laissez refroidir avant de déguster.

Manipulez délicatement ces pâtisseries : elles sont assez fragiles !

Shortbreads

Pour 6 à 8 personnes
Préparation : 15 min
Réfrigération : 40 min
Cuisson : 15 min

---

120 g de beurre mou

60 g de sucre en poudre
+ un peu pour saupoudrer

180 g de farine

1 Dans un saladier, fouettez le beurre coupé en morceaux et le sucre jusqu'à ce que le beurre blanchisse. Ajoutez la farine et mélangez jusqu'à ce qu'elle soit incorporée, sans trop travailler la pâte.

2 Abaissez-la au rouleau sur un plan de travail légèrement fariné de manière à obtenir un rectangle d'environ 14 × 22 cm et de 1 cm d'épaisseur. Posez-la sur une plaque couverte de papier cuisson et mettez-la au réfrigérateur pour 20 minutes.

3 Piquez la pâte avec une fourchette. Découpez des rectangles d'environ 2 × 7 cm, puis remettez-les au réfrigérateur pour 20 minutes.

4 Préchauffez le four à 180 °C (th. 6). Saupoudrez les shortbreads de sucre, puis enfournez-les pour 15 minutes. Laissez-les refroidir complètement sur une grille.

Les shortbreads sont des compagnons parfaits pour l'heure du thé !

Biscuits
au beurre de cacahuètes

Pour 6 à 8 personnes
Préparation : 20 min
Cuisson : 15 min

- 180 g de farine
- ½ cuil. à café de levure chimique
- 3 pincées de sel
- 90 g de beurre mou
- 90 g de cassonade
- 90 g de sucre en poudre
- 180 g de beurre de cacahuètes
- 1 œuf
- 1 cuil. à café d'extrait de vanille

1 Préchauffez le four à 180 °C (th. 6).

2 Mélangez dans un saladier la farine, la levure et le sel. Dans un autre saladier, fouettez le beurre et les sucres jusqu'à obtenir un mélange homogène.

3 Incorporez le beurre de cacahuètes, puis l'œuf et l'extrait de vanille, en mélangeant bien entre chaque ingrédient. Ajoutez enfin le contenu du premier saladier et mélangez une dernière fois jusqu'à ce que la pâte soit homogène.

4 Formez des boules de pâte d'environ 20 g. Disposez-les sur une plaque couverte de papier cuisson et aplatissez-les avec la paume de la main. Marquez les biscuits, dans un sens puis dans l'autre, avec une fourchette.

5 Enfournez les biscuits pour 15 minutes. Laissez-les refroidir complètement sur une plaque à pâtisserie.

Conservez les biscuits au sec dans une boîte métallique.

Empire Biscuits

Pour 4 personnes
Préparation : 40 min
Réfrigération : 30 min
Cuisson : 20 min

100 g de beurre salé mou
100 g de beurre doux mou
100 g de sucre en poudre
300 g de farine
1 œuf
Confiture de framboises

Pour le décor :

100 g de sucre glace
20 g de lait
6 cerises confites

1 Fouettez dans un saladier les beurres et le sucre pour obtenir un mélange crémeux. Ajoutez la farine et l'œuf brièvement battu, puis mélangez jusqu'à ce que la pâte s'amalgame.

2 Versez la pâte sur un plan de travail fariné, pétrissez-la rapidement, puis abaissez-la au rouleau jusqu'à avoir environ 5 mm d'épaisseur. Découpez des disques d'environ 7 cm de diamètre avec un emporte-pièce, puis mettez-les au réfrigérateur pour 30 minutes.

3 Préchauffez le four à 180 °C (th. 6). Enfournez pour 20 minutes, puis laissez refroidir les biscuits sur la plaque.

4 Pendant ce temps, préparez le glaçage en mélangeant le sucre glace et le lait dans un bol. Coupez les cerises confites en deux. Assemblez les biscuits par deux, en tartinant celui du dessous de confiture. Couvrez le dessus de glaçage à l'aide d'une petite cuillère et déposez une demi-cerise au centre. Laissez sécher avant de déguster.

Ces petits biscuits britanniques sont parfaits pour l'heure du thé !

Spritz

Pour 4 personnes
Préparation : 30 min
Cuisson : 8 à 10 min

---

120 g de beurre fondu

90 g de sucre en poudre

1 œuf

250 g de farine

½ sachet de levure chimique

90 g de poudre d'amandes

80 g de lait

1 Préchauffez le four à 190 °C (th. 6-7).

2 Fouettez dans un saladier le beurre fondu et le sucre jusqu'à obtenir un mélange crémeux. Incorporez l'œuf en fouettant.

3 Ajoutez la farine, la levure et la poudre d'amandes, puis mélangez jusqu'à obtention d'une pâte homogène. Versez le lait et mélangez encore pour retrouver une pâte homogène.

4 Mettez la pâte dans une poche équipée d'une douille cannelée. Disposez les spritz en forme de S sur une plaque couverte de papier cuisson.

5 Enfournez pour 8 à 10 minutes en surveillant. Laissez refroidir sur la plaque.

Vous pouvez tremper une partie des biscuits dans du chocolat fondu. Dans ce cas, laissez-les sécher avant de les déguster.

Linzele

Pour 6 à 8 personnes
Préparation : 20 min
Réfrigération : 2 h
Cuisson : 20 min

- 120 g de farine
- 3 pincées de levure chimique
- 120 g de poudre d'amandes
- 120 g de sucre en poudre
- 1 cuil. à soupe de cacao en poudre
- ½ cuil. à café de cannelle en poudre
- 1 œuf
- 120 g de beurre mou
- 1 ou 2 cuil. à soupe de lait
- Confiture de framboises

1. Dans un saladier, mélangez la farine, la levure, la poudre d'amandes, le sucre, le cacao et la cannelle.

2. Ajoutez l'œuf et le beurre et pétrissez jusqu'à ce que la pâte s'amalgame. Ajoutez 1 ou 2 cuillerées de lait si nécessaire.

3. Roulez la pâte en boule, enveloppez-la dans du film alimentaire et laissez-la reposer 2 heures au réfrigérateur.

4. Préchauffez le four à 180 °C (th. 6).

5. Formez des petites boules de pâte d'environ 20 g et placez-les sur une plaque recouverte de papier cuisson. Faites un creux assez profond au milieu avec l'index pour y déposer un peu de confiture de framboises à l'aide d'une cuillère à café.

6. Enfournez pour 20 minutes. Sortez les linzele du four et laissez-les refroidir sur la plaque.

Les linzele font partie des nombreux bredele préparés en Alsace pour les fêtes de fin d'année.

Petits sablés
aux cerises confites

Pour 4 à 6 personnes
Préparation : 15 min
Cuisson : 12 à 15 min

- 180 g de beurre pommade
- 90 g de sucre glace
- 2 pincées de sel
- ½ cuil. à café d'arôme de vanille
- 1 blanc d'œuf
- 210 g de farine
- 12 cerises confites

1 Préchauffez le four à 180 °C (th. 6).

2 Dans un saladier, mélangez le beurre, le sucre glace, le sel, la vanille et le blanc d'œuf jusqu'à obtenir une pâte homogène. Incorporez ensuite la farine en mélangeant bien.

3 Formez des boules de pâte d'environ 25 g. Posez-les sur une plaque couverte de papier cuisson, puis aplatissez-les avec la paume de la main. Coupez les cerises confites en deux. Déposez une demi-cerise au centre de chaque biscuit.

4 Enfournez pour 12 à 15 minutes : les sablés doivent être légèrement dorés sur les bords. Laissez-les refroidir sur une grille.

Vous pouvez garder ces biscuits au sec plusieurs jours dans une boîte métallique.

Sablés diamants

Pour 6 à 8 personnes
Préparation : 15 min
Réfrigération : 1 h
Cuisson : 12 min

---

120 g de beurre mou

90 g de sucre glace

60 g de poudre d'amandes

1 œuf

½ cuil. à café d'extrait de vanille

240 g de farine

1 pincée de sel

50 g de sucre cristal

1 Dans un saladier, mélangez le beurre coupé en morceaux, le sucre glace et la poudre d'amandes jusqu'à obtenir une pâte homogène, puis incorporez l'œuf et l'extrait de vanille. Ajoutez la farine et le sel et mélangez pour retrouver une préparation homogène.

2 Formez un boudin de pâte d'environ 4 cm de diamètre. Enveloppez-le de film alimentaire et laissez-le au réfrigérateur pendant 1 heure.

3 Préchauffez le four à 180 °C (th. 6).

4 Versez le sucre cristal sur le plan de travail. Roulez la pâte dans le sucre en appuyant légèrement pour le faire adhérer. Coupez des tranches de pâte d'environ 1 cm d'épaisseur et déposez-les sur une plaque couverte de papier cuisson.

5 Enfournez pour 12 minutes. Laissez refroidir avant de déguster.

Pour que le sucre cristal adhère mieux à la pâte, humidifiez-la très légèrement.

Biscuits
aux flocons d'avoine

Pour 6 à 8 personnes
Préparation : 15 min
Cuisson : 12 min

---

90 g de farine complète

1 cuil. à café de levure chimique

90 g de flocons d'avoine

60 g de sucre en poudre

70 g de beurre mou

30 g de golden syrup

30 g de lait

1 Préchauffez le four à 180 °C (th. 6).

2 Mélangez dans un saladier la farine, la levure, les flocons d'avoine et le sucre.

3 Faites chauffer au micro-ondes, dans un bol, le beurre, le golden syrup et le lait, jusqu'à ce que le beurre soit fondu.

4 Versez le contenu du bol dans le saladier et mélangez jusqu'à obtenir une pâte homogène.

5 Faites des boules d'environ 30 g, disposez-les sur une plaque couverte de papier cuisson, puis aplatissez-les avec la paume de la main pour former des disques d'environ 6 cm.

6 Enfournez pour 12 minutes. Laissez refroidir avant de déguster.

Ces biscuits sont les compagnons parfaits de l'heure du thé et du petit déjeuner.

Biscuits au citron

Pour 4 personnes
Préparation : 15 min
Cuisson : 15 min

90 g de beurre mou

50 g de sucre en poudre

Zeste de 2 citrons très finement râpé

2 cuil. à café de jus de citron

150 g de farine à gâteau (avec levure incorporée)

1 Préchauffez le four à 180 °C (th. 6).

2 Dans un saladier, fouettez le beurre et le sucre jusqu'à obtenir une préparation crémeuse.

3 Ajoutez le zeste et le jus de citron ainsi que la farine et mélangez jusqu'à ce que la pâte s'amalgame.

4 Formez des boules de pâte d'environ 30 g, puis aplatissez-les avec les mains. Déposez les biscuits sur une plaque couverte de papier cuisson et marquez-les avec une fourchette.

5 Enfournez pour 15 minutes. Laissez refroidir avant de déguster.

Pour varier les goûts, remplacez les citrons par des citrons verts, des yuzus ou des bergamotes.

Biscuits Garibaldi

Pour 6 à 8 personnes
Préparation : 15 min
Réfrigération : 30 min
Cuisson : 12 min

---

120 g de farine T65

¼ de cuil. à café de levure chimique

30 g de beurre mou

20 g de sucre en poudre

1 œuf

1 cuil. à café d'extrait de vanille

10 g de lait

60 g de raisins secs

30 g de noisettes

Lait et sucre en poudre

1 Dans un saladier, mélangez du bout des doigts la farine, la levure chimique, le beurre, le sucre, l'œuf et l'extrait de vanille jusqu'à obtenir une texture sablée fine. Incorporez le lait en filet, mélangez pour avoir une pâte homogène.

2 Étalez la pâte en formant un carré, emballez-la dans du film alimentaire puis mettez-la au réfrigérateur pour 30 minutes.

3 Préchauffez le four à 180 °C (th. 6). Hachez grossièrement les raisins secs et les noisettes.

4 Abaissez la pâte au rouleau de manière à obtenir un rectangle d'environ 20 × 30 cm. Parsemez la moitié de la pâte de raisins et de noisettes, puis repliez la partie vide par-dessus.

5 Abaissez de nouveau la pâte pour obtenir un rectangle de 20 × 30 cm. Découpez-le en 15 rectangles. Déposez-les sur une feuille de papier cuisson puis badigeonnez-les de lait à l'aide d'un pinceau et saupoudrez-les de sucre.

6 Enfournez pour 12 minutes. Laissez refroidir avant de déguster.

Vous pouvez remplacer les noisettes par d'autres fruits secs : amandes, noix...

Briques
aux amandes

Pour 6 à 8 personnes
Préparation : 30 min
Réfrigération : 1 h
Cuisson : 15 min

---

120 g de beurre mou

150 g de sucre en poudre

2 œufs

120 g de poudre d'amandes

250 g de farine

1 pincée de sel

1 cuil. à café de cannelle en poudre

½ cuil. à café d'extrait d'amande amère

30 amandes émondées (environ)

1 Dans un saladier, fouettez le beurre et le sucre jusqu'à obtenir un mélange crémeux. Incorporez un œuf, puis la poudre d'amandes en mélangeant bien après chaque ajout. Mettez enfin la farine, le sel, la cannelle et l'extrait d'amande amère, puis mélangez jusqu'à obtenir une pâte homogène.

2 Formez une boule avec la pâte, emballez-la dans du film alimentaire puis réservez-la au frais 1 heure.

3 Préchauffez le four à 180 °C (th. 6).

4 Abaissez la pâte sur une plaque couverte d'une feuille de papier cuisson, de manière à obtenir un rectangle d'environ 5 mm d'épaisseur.

5 Battez le second œuf dans un bol et badigeonnez-en la pâte au pinceau. Tracez des lignes avec les dents d'une fourchette. Prédécoupez des biscuits sans couper entièrement la pâte, en rectangles d'environ 4 × 5 cm. Déposez une amande au centre de chaque biscuit.

6 Enfournez pour 15 minutes. Dès la sortie du four, découpez les biscuits et laissez-les refroidir sur la plaque.

Vous pouvez remplacer l'extrait d'amande amère par de l'extrait de vanille.

Spéculoos

Pour 6 à 8 personnes
Préparation : 30 min
Réfrigération : 2 h 20
Cuisson : 12 min

---

240 g de farine

150 g de vergeoise brune

4 g de cannelle en poudre

4 g de quatre-épices

1 pincée de sel

1 cuil. à café de levure chimique

150 g de beurre mou

1 œuf

1 Mélangez la farine, la vergoise, les épices, le sel et la levure dans un saladier. Ajoutez le beurre coupé en morceaux et mélangez du bout des doigts jusqu'à obtenir une texture sablée fine.

2 Ajoutez l'œuf et mélangez jusqu'à ce que la pâte s'amalgame et se détache facilement des parois du saladier. Formez une boule avec la pâte, enveloppez-la de film alimentaire et réservez-la 2 heures au frais.

3 Abaissez la pâte au rouleau sur un plan de travail fariné jusqu'à ce qu'elle fasse environ 4 mm d'épaisseur. Découpez des biscuits à l'aide d'un emporte-pièce et déposez-les sur une plaque couverte de papier cuisson. Mettez-les pour 20 minutes au réfrigérateur.

4 Préchauffez le four à 180 °C (th. 6). Enfournez pour 12 minutes en surveillant la cuisson : les spéculoos ne doivent pas trop brunir. Laissez-les refroidir avant de les manipuler.

La vergeoise brune a tendance à se compacter dans son emballage : cassez bien les grumeaux avant de l'utiliser.

Langues de chat

Pour 6 à 8 personnes
Préparation : 15 min
Cuisson : 7 à 8 min

120 g de beurre mou
130 g de sucre en poudre
15 g de sucre vanillé
100 g de farine T45
150 g de blancs d'œufs

1 Préchauffez le four à 180 °C (th. 6).

2 Mettez le beurre et les sucres dans un saladier et fouettez jusqu'à obtenir une crème homogène. Ajoutez la farine et incorporez-la en mélangeant bien.

3 Dans un autre saladier, montez les blancs d'œufs en neige ferme. Incorporez-les à la pâte à l'aide d'une spatule.

4 Mettez la préparation dans une poche munie d'une douille lisse. Tracez des traits de pâte de 6 ou 7 cm sur une plaque couverte de papier cuisson. Espacez-les bien car ils vont s'étaler à la cuisson.

5 Enfournez pour 7 ou 8 minutes en surveillant. Laissez refroidir sur la plaque.

Vous pouvez aromatiser les langues de chat avec 1 cuillerée à café de zeste d'orange ou de citron finement râpé, ajouté en même temps que le sucre.

Mesures utiles

1 cuillère à café

= 5 grammes de sel, sucre ou huile
= 7 grammes de beurre
= 0,5 cl de liquide
= 5 grammes de farine ou de semoule

1 cuillère à soupe

= 15 grammes de sucre, farine ou beurre
= 12 grammes de crème fraîche ou huile
= 1,5 cl de liquide
= 3 cuillères à café

1 noisette de beurre

= 4 grammes

1 noix de beurre

= 15 grammes

1 pincée de sel

= 0,3 à 0,5 gramme

1 morceau de sucre

= 5 grammes

Température du four

Thermostat	Température approximative
1	**30 °C** (à peine tiède)
2	**60 °C** (tiède)
3	**90 °C** (chaleur très douce)
4	**120 °C** (chaleur douce)
5	**150 °C** (chaleur modérée)
6	**180 °C** (chaleur moyenne)
7	**210 °C** (assez chaud)
8	**240 °C** (chaud)
9	**270 °C** (très chaud)
10	**300 °C** (chaleur vive)

Économat

Dans le placard

Sels (sel fin, gros sel, fleur de sel, sels aromatisés) et poivres (noir ou exotique)

Huiles de goût neutre (maïs, tournesol, colza) ou parfumées (olive, noix...)

Vinaigres (blanc, rouge, balsamique, de Xérès, de cidre...)

Lait (entier, allégé ou écrémé)

Crème liquide

Sucres (sucre semoule blanc ou roux, sucre glace)

Sauces asiatiques (soja, hoisin, teriyaki...)

Farine

Levure chimique

Cacao en poudre

Plaquettes de chocolat

Aides culinaires : bouillons et courts-bouillons déshydratés en cubes et en tablettes, gelée alimentaire en feuilles ou en poudre, fonds de veau ou de volaille, Maïzena®

Vanille (extrait ou gousse)

Riz, pâtes, semoules et céréales

Herbes

Épices

Fruits secs

Graines (sésame, lin, tournesol...)

Tomates en conserve

Ail, échalote, oignons et pommes de terre

Dans le réfrigérateur

Œufs

Beurre

Pâtes prêtes à l'emploi

Moutardes

Herbes fraîches

Gruyère et parmesan râpé

Dans le congélateur

Herbes

Plats cuisinés

Légumes

Table des recettes

Index

Toutes les recettes et photographies sont de Dorian Nieto.

Direction : Didier Férat
Direction éditoriale : Fanny Ecochard-Martin
Édition : Marjorie Goussu
Graphisme : Marina Delranc
Mise en page : Vincent Fraboulet
Photogravure : Chromostyle
Relecture : Nathalie Kirsner
Correction : Hugo Gadroy
Fabrication : Laurence Duboscq

92 avenue de France, 75013 Paris

serviceclients@lisez.com

ISBN : 978-2-263-19054-4
Code éditeur : L19054/01
Dépôt légal : janvier 2025
Imprimé en France par Imprimerie de Champagne